Ludvig Holberg

Kurze Vorstellung der allgemeinen Welt-Historie

Ludvig Holberg

Kurze Vorstellung der allgemeinen Welt-Historie

ISBN/EAN: 9783742868862

Hergestellt in Europa, USA, Kanada, Australien, Japan

Cover: Foto ©Thomas Meinert / pixelio.de

Manufactured and distributed by brebook publishing software
(www.brebook.com)

Ludvig Holberg

Kurze Vorstellung der allgemeinen Welt-Historie

Des Herrn
Ludewig, Baron v. Holberg
kurze
Vorstellung
der allgemeinen
Welt-Historie,
in Frag und Antwort,
zum Gebrauch
der ersten Anfänger.
Aus der
neuesten Lateinischen Ausgabe ins Deutsche
gebracht,
und
bis auf jetzige Zeit
fortgesetzet.

Zweite verbeßerte Auflage.

Berlin und Stralsund,
bey Gottlieb August Lange,
1771.

Vorbericht.

Der selige Herr von Holberg hatte die Absicht, für die ersten Anfänger einen kurzen und zusammenhangenden Grund-Riß der ganzen Geschicht-Kunde zu liefern. Er stellete daher, ausser der biblischen Historie, insonderheit die sogenannten Vier Monarchien, und hiernächst die, aus der verfallenen Vierten Monarchie entstandene, größere Reiche vor, nebst dem, was wegen der Religion und der Gelersamkeit überall anzumerken war; damit solches zu einer Grund-Lage dienen könne, die übrigen Geschichte nachher damit zu verknüpfen.

Weil

Vorbericht.

Weil man nun gesehen, daß diese Absicht bey der zarten Jugend gute Dienste gethan; und andre lobwürdige Auszüge aus den Geschichten, nach und nach so weitläufig und so kostbar geworden, daß sie den ersten Anfängern nicht mehr so bequem in die Hände gegeben werden konnten: so hat man es für nützlich angesehen, wenn man diese Holbergische Arbeit in deutscher Sprache beybehielte; damit nachher die Jugend, wenn sie das, was in diesem kleinen Buche enthalten ist, wol gefasset hätte, die ausfürlichern Vorstellungen der Geschichte, mit desto mehrern Vergnügen und Nutzen, durchgehen könnte. Berlin, 1765.

I. Was

1. Was ist Historie?

Die Historie ist eine Erzelung geschehener Dinge, zu dem Ende, damit das Andenken derselben Dinge aufbehalten, und wir dadurch unterrichtet werden, wie wir wol und glücklich leben können.

2. Wie ist Historie und Chronologie unterschieden?

Die eigentlich so genennete Historie ist von der Chronologie (Zeit-Rechnung) darinn unterschieden, daß die Historie der Chronologie die Materie darreichet; die Chronologie aber der Historie eine gewisse Ordnung giebet. Die Historie begnüget sich mit dem was geschehen ist, und bindet sich nicht eben an die Folge der Jare und Zeiten nacheinander: die Chronologie aber hält sich an die Zeiten, und theilet dieselben ordentlich ab.

3. Wie werden die Zeiten abgetheilet und bemerket?

Man theilet sie in unterschiedene Epochen und Aeren ein.

4. Was ist eine Epoche?

Eine Epoche fasset einen gewissen Zeit-Lauf in sich, der von einem bestimmeten Anfange

fange

fange bis auf eine merkwürdige Veränderung sich
erstrecket. Zum Exempel, die Erste Epoche fasset die Zeit in sich, von Adam an bis auf die
Sündflut; die Zweite, von der Sündflut bis
auf die Berufung Abrahams; und so ferner.
Es bezeichnet dieses Wort also einen bestimmeten
Umfang gewisser Jare: und man nennet es auch
eine Periode

5. Was ist eine Aera?

Eine Aera heisset ein Zeit-Punct, von welchem gewisse Rechnungen der Jare ihren Anfang nemen. Zum Exempel, wenn man die
Jare nacheinander von Erschaffung der Welt
an zälet, so heisset das die Aera von Erschaffung
der Welt. Zälet man die Jare von Stiftung
der Olympischen Spiele, die bey der Stadt
Elis in dem heutigen Morea, immer mit dem
Anfange des Fünften Jares, gehalten wurden:
so heisset das die Aera der Olympischen Spiele.
Weil also immer Vier Jare verfließen musten,
ehe diese Spiele wiederholet wurden: so fasset
iede Olympias, oder iede Zwischen-Frist zwischen diesen Spielen, eine Zeit von vier vollen
Jaren in sich. Der Anfang dieser Zeit-Rechnung fället in das Jar der Welt 3174. Eben
so, wenn man die Jare zälet von Erbauung
der Stadt Rom an; so heisset das die Aera
von Erbauung dieser Stadt, und ihr Anfang
fället in das Jar der Welt 3197. In der Chri-
stenheit werden die Jare von der Geburt
Chri-

Chriſti an gezälet: und dieſe Zeit-Rechnung hat
ein gewiſſer **Dionyſius**, mit dem Zunamen der
Kleine, geſtiftet, der zur Zeit des Kaiſers Juſtinian gelebet hat. Daraus verſtehet man, was
die **Dionyſiſche Aera** oder **Rechnung** heiſſet.
Die **Türkiſche Aera** fänget ihre Jare zu zälen
an von der Flucht des Mahomet, oder vom Jare
Chriſti 622. Nach den Olympiaden rechneten
die alten **Griechen**; nach den Jaren von Erbauung der Stadt Rom die ehemaligen **Römer:**
und ſo bey andern Völkern auf andre Art.

6. Wie vielerley iſt ein Jar?

Man rechnet ein Jar entweder nach dem **Son-**
nen- oder nach dem **Mondes-Laufe**. Ein vollkom-
menes **Sonnen-Jar** hat 365. Tage und bey nahe
6. Stunden. Ein **Mondes-Jar** beſtehet aus 354.
Tagen; und nach dergleichen Jaren rechnen die
Türken. Will man das **Mondes-Jar** mit dem
Sonnen Jare gleich machen, ſo zälet man zu iedem
Mondes-Jare Eilf Tage hinzu: und dieſe Eilf
Tage nennet man **Epacten.**

7. Wie iſt die Hiſtorie von Jar-Büchern oder Chroniken unterſchieden?

Eine eigentlich ſo genennete **Chronike** gehet
ein Jar nach dem andern durch, und merket bey
iedem Jare, nach der Ordnung der Monate und
Tage kurz an, was geſchehen ſey: eine gute Hiſtorie aber zeiget, nicht nur was geſchehen oder
gethan worden ſey, ſondern auch, aus was für
Abſichten, durch was für Mittel, und mit was
für Erfolge, iedes gethan worden ſey.

8. Wie pfleget man die Historie einzutheilen?

In dreierley Zeiten. Die Erste Zeit gehet von der Schöpfung bis auf die Sündflut, und heisset die unbekannte Zeit, weil da uns alles unbekannt ist, ausser dem wenigen, was uns Moses von derselben Zeit gemeldet hat. Die Zweite Zeit gehet von der Sündflut bis auf den Anfang der Zeit-Rechnung nach den Olympiaden: und dieß heisset die Fabel-Zeit, weil fast alle Begebenheiten in fabelhafte Umstände eingekleidet sind. Die Dritte gehet von der Ersten Olympias bis auf diesen Tag, und heisset die Historische Zeit, weil man da von den meisten Begebenheiten zuverläßige Nachricht haben kann.

9. Wie vielerley ist die ware Historie?

In Ansehung ihrer Materie oder der Sachen von denen sie Nachrichten giebet, theilet man die Historie ein 1) in die Politische, in welcher die Geschichte der weltlichen Regierungen vorgetragen werden; 2) in die Kirchen-Historie, 3) in die Gelerte Historie, 4) in die Historie der Natur, 5) in die Historie der Künste, und 6) in die vermischte Historie. In Ansehung der Zeiten theilet man sie in unterschiedene Epochen oder Perioden.

10. Wie kann, den Anfängern zum Besten, die Historie am bequemesten abgetheilet werden?

Dem Gedächtnisse der Lernenden zu Hülfe zu kommen, dünket es mir am bequemesten, wenn man die ganze Historie nach den bekannten Vier Monarchien durchgehet. Und da die älteste Ge-

Geſchichte, die von Erſchaffung der Welt an-
fänget, unter dieſe Monarchien nicht gebracht werden kann: ſo glaube ich, es ſey gut, wenn man
die ganze Geſchichte des ſogenannten Volkes Gottes vorher beſonders durchgehet.

11. Was iſt in der älteſten Geſchichte am meiſten
merkwürdig?

In dieſer Geſchichte, die ſonſt auch die Hiſtorie des Alten Teſtamentes heiſſet, ſind unterſchiedene Perioden zu behalten. Die Erſte Periode faſſet die Zeit der Väter vor der Sündflut in ſich: die Zweite, der Menſchen bald
nach der Sündflut: die Dritte den Zuſtand des
Jüdiſchen Volkes zur Zeit der Richter: die
Vierte den Zuſtand deſſelben unter den Königen: die Fünfte unter den Hohenprieſtern: die
Sechſte unter den Maccabäiſchen Fürſten und
Königen: und endlich die Siebende unter der
Herrſchaft des Herodianiſchen Hauſes.

12. Wie viele Jare faſſet die Erſte Periode in ſich?

Von Erſchaffung der Welt bis auf die Sündflut zälet man 1656 Jare.

13. Wie heiſſen die Väter vor der Sündflut?

1) Adam, der 930 Jahre alt wurde. 2)
Seth, lebte 912 Jare. 3) Enos, 905 Jare.
4) Kenan, 910 Jahre. 5) Mahalaleel, 895
Jare. 6) Jared, 962 Jare. 7) Enoch, 365
Jare. 8) Methuſalem, 969 Jare. 9) Lamech,
777 Jare. 10) Noah, der vor und nach der
Sündflut gelebet hat, und 950 Jare alt worden iſt.

14. Welche sind unter diesen Vätern die merk=
würdigsten?

Erstlich Adam: denn diesen Ersten Menschen
schuf Gott aus einem Erden=Klos, und gab ihm
die Herrschaft über die andern Geschöpfe auf
Erden. Er ließ sich aber verfüren, aß von der
Frucht des verbotenen Baumes, und wurde da=
durch ungehorsam gegen Gott; weshalb er, nebst
seiner Frau, Eva, aus dem Paradiese verstos=
sen wurde. Unter seinen Sönen sind die bekann=
testen Kain und Seth. Vom Kain, der seinen
Bruder Abel erschlug, stammete das gottlose
Geschlechte der Kainiten her: vom Seth aber die
Linie der vorgenenneten Väter. Zweitens Enoch,
der, wegen seines besonders Gottgefälligen Le=
bens, lebendig zu Gott aufgenommen wurde.

15. In was für Zustande befand sich das mensch=
liche Geschlechte zur Zeit dieser Väter?

Die Nachkommen des Seth lebeten, ieder
mit seinem Hause für sich, und stunde demsel=
ben vor: unter den Nachkommen des Kain
aber gab es mannigfaltige Verbindungen, auch
einige tyrannische Regierungen, die in der heili=
gen Schrift mit dem Namen der Nephilim oder
der Tyrannen benennet werden.

16. Was ist in dieser Periode, in Ansehung der
Gelersamkeit oder der Künste, zu bemerken?

Man glaubet insgemein, daß die Menschen
vor der Sündflut von Gelersamkeit und Künsten
nicht viel gewust haben. Doch ist vermuthlich,
daß sie, wegen ihres langen Lebens, viele Erfa=
rung

rung in Dingen der Natur und des Ackerbaues
befeſſen haben. Es bezeuget auch die Schrift,
daß Hanoch die Erſte Stadt geſtiftet, und daß
Jubal die Muſik, Tubal-Kain die Schmiede-
Kunſt, erfunden habe. Unter die Fabeln aber
gehöret auſſer Zweifel das, was von funfzehen
Büchern, die Adam geſchrieben haben ſoll, und
von zwey Säulen des Seth, erzelet wird.

17. Wie viele Jare faſſet die Zweite Periode in ſich?

Es erſtrecket ſich dieſe Periode von der Sünd-
flut an, bis auf den Ausgang der Iſraeliten aus
Aegypten: und dieß begreifet eine Zeit von 857
Jaren.

18. Welches war die Urſache der Sündflut?

Die Gottloſigkeit nam bey den Nachkommen
Kains von Tage zu Tage zu: und nachdem die 120
Jare, die Gott ihnen als eine Friſt zur Beſſe-
rung gegeben hatte, verfloſſen waren; bauete
Noah, des Lamech Son, auf göttlichen Befel,
einen großen Kaſten oder ein großes Schiff, in
welches er im Jare der Welt 1656 eingieng, und
in welchem er nebſt den Seinen erhalten wurde,
da ſonſt alles übrige auſſer dem Waſſer lebende
durch die große Ueberſchwemmung umkommen
muſte. Als endlich das Waſſer wieder fiel, ließ
ſich der vorgedachte Kaſten auf dem Armeniſchen
Gebirge Ararat nieder.

19. Wie ſahe es mit der Erde nach der Sündflut aus?

Man glaubet, daß die Gewalt des Waſſers,
das ſo lange über der Erde geſtanden, die ganze

Be-

Beschaffenheit des Erdbodens verändert habe.
Das menschliche Leben wurde darauf kürzer, und
Krankheiten und Ungemach begleiteten dasselbe.
Wie groß die Veränderung der Erde gewesen
seyn müsse, bezeugen annoch gewisse Dinge, die
das Meer auf den Spitzen der Berge, ja auch
innerhalb den Felsen, zurücke gelassen hat.

20. Wie wurde, nach der Sündflut, das menschliche
Geschlechte fortgepflanzet?

Noah hatte drey Söne: Sem, Ham, Japhet: von diesen dreien stammen alle Völker auf
Erden her. Japhet mit seinen Nachkommen
setzete sich in Europa und einem Theile von Asien:
Sem bevölkerte das übrige Asien: Ham aber
Africa. Von den Nachkommen Japhets und
Hams ist hier weiter nichts zu sagen: aber von
den Nachkommen des Sem liefert uns die heilige Schrift eine Nachricht.

21. Wie hiessen also die Väter nach der Sündflut?

1) Noah. 2) Sem. 3) Arphachsad. 4) Heber. 5) Peleg. 6) Regu. 7) Serug. 8) Nachor.
9) Thara. 10) Abraham. 11) Isaac. 12) Jacob.
13) Joseph.

22. Welche unter diesen Patriarchen sind die
wichtigsten?

Erstlich Sem, dessen Andenken deßwegen
schätzbar ist, weil seine Nachkommen bey der Vererung des waren Gottes geblieben sind. Zweitens Abraham, der wegen seines Glaubens und
seiner Frömmigkeit heisset ein Vater der Gläubi-
gen.

gen. Er gieng auf Gottes Befel aus seinem
Vaterlande in das Land Kanaan mit seinem Bruder Loth, und mit seiner Frau Sara, im Jare
der Welt 2024. Von da zog er zwar, der Theu-
rung wegen, auf einige Zeit nach Aegypten: kam
aber nachher wieder ins Land Kanaan. Als er
Neun und Neunzig Jare alt war, erhielt er die
Beschneidung, damit durch dieses Zeichen seine
Nachkommenschaft von andern Völkern unterschieden bleiben möchte. Es wurde ihm dieses
Land zum Eigenthume verheissen, und es solte
bey seiner Nachkommenschaft der Dienst des waren Gottes bleiben, bis der Meßias würde gekommen seyn. Drittens Jsaac, der einzige
Son Abrahams mit der Sara. Viertens Jacob, der auch Jsrael heisset, und der Stamm-
vater des Jsraelitischen Volkes ist. Er zeugete
Zwölf Söne, die die Stifter der Zwölf Stämme Jsraels gewesen sind. Er zog mit diesen
Sönen nach Aegypten, und starb daselbst in einem Alter von 147 Jaren. Fünftens Joseph,
der von seinen Brüdern aus Neid nach Aegypten verkaufet wurde, und den der Oberkam-
merherr des dasigen Königes, Potiphar, kaufete.
Es verleumdete ihn die Frau dieses Potiphars
bey seinem Herrn; und darüber muste Joseph
drey Jare im Gefängnisse zubringen. Endlich,
als er dem Könige einen Traum gedeutet, und
eine zweimal Siebeniärige Zeit von großer
Fruchtbarkeit und großer Unfruchtbarkeit vorher-
gesaget hatte: wurde er über ganz Aegypten als

könig-

königlicher Statthalter gesetzet. In dem drit=
ten Jare der erfolgeten Unfruchtbarkeit und Hun=
gers-Noth, zog Jacob mit seinem ganzen Hause
nach Aegypten, und ward daselbst vom Joseph
mit einem guten Stücke Landes versorget.

23. Wie gieng es den Israeliten in Aegypten?

Nach dem Tode Josephs, der sie geschützet
hatte, und da die Nachkommen Jacobs sich im=
mer stärker vervielfältigten; fassete der Aegypti=
sche König, aus Besorgung einer innerlichen
Unruhe von diesem Volke, die Entschliessung,
den fernern Zuwachs dadurch zu verhindern, daß
er den Befel gab, alle Israelitische Knäblein
gleich nach ihrer Geburt zu ersäufen. Vermöge
dieses Befels wurde auch Moses in den Strom
geleget; aber von der Tochter des Königes ge=
rettet.

34. Die Geschichte des Moses möchte ich gerne
kürzlich hören.

Nachdem dieser Moses, ein Son des Amram,
Vierzig Jare alt worden war, erschlug er einen
Aegyptischen Mann, der einem Ebräer hart be=
gegnete. Aus Furcht vor der Strafe wegen die=
ser That, entflohe er in das Land Madian; und
heirathete daselbst die Tochter des dasigen Ober=
priesters Jethro, Namens Sephora. In sei=
nem Achtzigsten Jare bekam er von Gott den
Befel, die Israeliten von der Aegyptischen
Dienstbarkeit zu befreien. Der König wolte
von solcher Freilassung nichts wissen: und darü=
ber

ber kamen über Aegypten allerley schwere Pla=
gen, die den König endlich zwungen, die Er=
laubniß zum Auszuge dieses Völkes zu geben.
Als dieser Auszug vor sich gieng, reuete den König
die gegebene Erlaubniß, und gieng ihnen mit einem
Krieges=Heere nach. Aber die Israeliten zogen
trockenes Fußes durch das rothe Meer, und
kamen in die Arabischen Wüsteneien. Daselbst
murreten sie häufig wieder Gott, und waren ihm
ungehorsam: deßhalb wurden sie in diesen Wüste=
neien so lange herumgeführet, bis das ganze Volk,
das aus Aegygten gezogen war, aussturbe, und
nur zwey von den damals erwachsen gewesenen,
nemlich Josua und Kaleb, übrig blieben. Im
Vierzigsten Jare nach dem Auszuge starb Mo=
ses auf dem Berge Nebo, und Josua wurde sein
Nachfolger, der das Israelitische Volk in das ver=
sprochene Land einfürete. Und bis so weit gehet
die Zweite Periode.

25. Wie stund es sonst in dieser Periode?
Die Nachkommen des Sem waren zwar lange
lauterlich bey der Vererung des waren Gottes
geblieben: aber um die Zeit Abrahams hatte
diese Erkenntniß Gottes allmälig angefangen
verdunkelt zu werden. Denn die Schrift bezeu=
get, daß Thara, Abrahams Vater, zur Abgöt=
terey sich geneiget gehabt. Diesen Verfall des
rechten Gottesdienstes verbesserte Abraham:
und in dessen Fußstapfen wandelten Isaac, Ja=
cob, Joseph, unwankelbar. Moses machete den
Israeliten das von Gott auf dem Berge Sinai
gege=

gegebene Gesetz bekannt; in welchem Gesetze alle
geistliche und weltliche Rechte dieses Volkes enthalten waren: und daher heisset Moses der ober-
ste Gesetzgeber der Israeliten. In Kirchen-Sachen also müssen in dieser Periode besonders bemer-
ket werden, die vom Abraham angefangene Beschneidung, und das vom Mose bekanntgemachete
Gesetze.

26. Wie viel Jare begreifet die Dritte Periode?

Es nimmet die dritte Periode ihren Anfang
vom Jare der Welt 2513, oder vom Ausgange
der Israeliten aus Aegypten; und erstrecket sich bis
auf den Ersten König: welches eine Zeit von 396
Jaren ausmachet. In diesem Zeit-Laufe wurde
das Israelitische Volk, erstlich von seinen Heer-
fürern Mose und Josüa; nachher von seinen Aeltesten; und endlich auch von ausserordentlichen
Richtern, regieret.

27. Wie hiessen die Richter nacheinander?

1) Athniel. 2) Ehud. 3) Samgar. 4) Debora. 5) Gideon. 6) Abimelech. 7) Thola. 8) Jair.
9) Jephta. 10) Ebzan. 11) Elon. 12) Abdon.
13) Simson. 14) Eli. 15) Samuel.

28. Welche unter diesen Richtern ragen vor andern
besonders hervor?

Erstlich, die Debora: eine Frau von heroi-
schem Geiste, die mit Beihülfe des Barach, den
General des Königes Jabin, Sisara, schlug.
Zweitens, Gideon, der wieder die Madianiter
einen Krieg glücklich ausgeführet. Drittens,
Abi-

Abimelech, ein abscheulicher Wüterich, der Siebenzig seiner Brüder erwürgete, und darauf drey
Jare unter dem Namen eines Königes herrschete.
Viertens, Simson, der solche Leibes-Stärke
besaß, daß er einen Löwen mit seinen Händen zer-
reissen, und mit einem Esels-Kinnbacken tausend
Philister todt schlagen, konnte. Auf die lezt aber
ließ er sich von einer Weibes-Person verlocken:
die verrieth ihn den Philistern: diese stachen ihm
die Augen aus, und mißhandelten ihn schimpflich: endlich ergriff er eine Gelegenheit, die
Haupt-Säulen eines Gebäudes, in welchem eine
Menge vornemer Philister versammlet waren,
umzureissen, und sich nebst diesen Philistern unter diesem Einsturze des Gebäudes zu begraben.
Er hatte zwanzig Jare sein Richter-Amt gefüret gehabt. Endlich, Samuel, der sich um sein
Volk durch Gerechtigkeit und Uneigennützigkeit
verdient gemachet, und ein großer Weissager
war. Unter den Richtern ist er der lezte: denn
zu seiner Zeit bekam das Volk Lust, unter einer
königlichen Regierung zu stehen.

29. Wie war der Religions-Zustand zur Zeit der
Richter beschaffen?

Nach Abgang der Aeltesten, die das Volk einige Jare regieret hatten, verfiel dieses Volk
auf Abgötterey. Zur Strafe ließ Gott es dem
Könige in Mesopotamien, Chusan, in die Hände fallen, der es Acht Jare hindurch gar harte
drückete. Als sie hierdurch auf bessere Gedanken

v. Holb. Welt-Hist.   B   gerie-

gerieten, erweckete ihnen Gott einen Retter,
Athniel, der den Chusan schlug, und das Volk
wieder in Freiheit setzete. Nach deſſen Tode ver-
fielen ſie oft wieder in änliche Verſündigungen, und
wurden auch immer auf änliche Art beſtrafet.

30. Aus wie vielen Jaren beſtehet die Vierte Periode?

Es fänget dieſe Periode an vom Jar der
Welt 2909, oder von dem Anfange der königlichen Regierung; und erſtrecket ſich bis auf die
Babyloniſche Wegfürung, oder bis auf das Jar
der Welt 3468; und begreifet alſo 559 Jare.

31. Was iſt das merkwürdigſte in dieſem Zeit-Laufe?

Die große Trennung, da zehen Stämme von
ihrem rechtmäßigen Könige Roboam abfielen, und
einen eigenen König über ſich machten. Daraus entſtunden zwey Königreiche, das Königreich
Juda, und das Königreich Iſrael.

32. Wie viele Könige haben über das ganze Volk
vor der Trennung geherrſchet?

Nur drei. Erſtlich Saul, der im Anfange wol
regierete; nachher aber von Gott in ſo ferne verworfen wurde, daß die königliche Würde bey ſeinem Hauſe nicht bleiben ſolte. Sein Nachfolger wurde alſo David, der an Krieges-Tapfer-
keit, an Frömmigkeit, und an Prophetiſchen
Gaben, ausnemend war. Er eroberte die Burg
Sion, und verlegte ſeine Reſidenz dahin. Sein
Son Salomo folgete nach ihm, der in der Schrift
der weiſeſte ſeiner Zeit genennet wird. Er bauete den prächtigen Tempel zu Jeruſalem. In
ſei-

feinem Alter aber ließ er sich von seinen Frauen und Kebsweibern zu abgöttischen Dingen verleiten.

33. Was für Könige haben nach der großen Trennung geherrschet?

Vom Roboam, des Salomo Sone, fielen zehen Stämme ab, und erweleten den Jeroboam zu ihrem Könige. Von der Zeit an herrschete Roboam und dessen Nachfolger nur über die zwey Stämme, Juda und Benjamin; und hiessen die Könige in Juda: die Nachfolger des Jeroboam aber hiessen Könige über Israel. Bey der Folge ist diese:

Könige in Juda	Könige in Israel
1 Roboam	1 Jeroboam
2 Abia	2 Nadab
3 Assa	3 Baesa
4 Josaphat	4 Ella
5 Joram	5 Semri
6 Ahasia	6 Amri
7 Athalia	7 Achab
8 Joas	8 Ahasia
9 Amasia	9 Joram
10 Usia	10 Jehu
11 Jotham	11 Joahas
12 Achas	12 Joas
13 Hiskia	13 Jeroboam 2
14 Manasse	14 Zacharias
15 Ammon	15 Sallum
16 Josias	16 Menahem

    Köni-

Könige in Juda	Könige in Israel
17 Joas 2	17 Pekaja
18 Joachim	18 Pekah
19 Jechonias	19 Hosea
20 Zedekia	

34. Welche sind unter den Königen Juda die merkwürdigsten?

Erstlich Roboam, der durch seine Schwäche die Gelegenheit zu der großen Trennung gab. Zweitens Joachim oder Jochachim, der von Nebukadnezar überwunden, und nach Babylon weggeführet, wurde. Von dieser Wegführung an, pflegen die Siebenzig Jare der Babylonischen Gefangenschaft gezälet zu werden. Drittens Zedekia, zu dessen Zeit Jerusalem nebst dem Ersten Tempel zerstöret, und das übrige Jüdische Volk aus dem Lande weggeführet, wurde.

35. Unter den Königen über Israel, welche sind da die bekanntesten?

Erstlich Jeroboam, der dieses Israelitische neue Königreich stiftete. Zweitens Achab, zu dessen Zeit der Prophet Elias lebete. Drittens Hoseas, unter dessen Regierung die Residenz Samaria von den Assyrern erobert, und die zehen Stämme Israel in die Gefangenschaft weggeführet, worden.

36. Wie stund es um die Religion zu den Zeiten der Könige?

Unter den Ersten Königen wurde der Gottesdienst nach der ältesten Art beobachtet, so wie er

an

an die Stifts=Hütte und an die Bundes-Lade
gebunden war.   Nachdem aber Salomo den
Tempel erbauet hatte; so war dieser nachher
das Heiligthum der Jüdischen Religion, und die
Hütte nebst der Lade befand sich in demselben.
Zur Zeit der großen Trennung ersonn Jeroboam
eine neue Art von Gottesdienst, weil er besor=
gete, es möchten beide Königreiche sich wieder
in dem Hause Juda vereinigen, wenn Einerley
Religion bliebe.   Bey solchen Umständen, und
da auch das Haus Juda oft abgöttisch wurde, er=
weckete Gott von Zeit zu Zeit Propheten, die
die ware Religion wieder herzustellen suchten:
und da über dreißig Propheten nach und nach
aufstunden, so kann man diese Periode mit
Recht die Prophetische Periode nennen.

37. Und wie war die Politische Verfassung zur Zeit
der Könige?

Nach der Trennung waren zwey Residenzien,
die eine zu Jerusalem; die andre zu Sama=
ria, als in diese Stadt der König Amri seinen
Sitz verlegete, welchen seine Vorfaren theils zu
Sichem, theils zu Thirza, gehabt.   Was die
Regierungs · Form betrift, so war zwar ein
Ebräischer König im Hauptwerke uneingeschrän=
ket; und Samuel hatte es dem Volke genugsam
zu erkennen gegeben, daß es wieder Gewaltthä=
tigkeiten seines Königes keine Hülfe habe: gleich=
wol waren einige Fälle, die eine Einschränkung
der königlichen Macht zu machen schienen, zum

Exem-

Exempel, einige Gerichte über Hohepriester oder über Propheten. Dergleichen etwas sehen wir Jerem. 38, 5.

38. Wie stund es um Gelersamkeit und Künste in dieser Periode?

Die Ebräer legeten sich, wie es scheinet, lediglich auf den Akerbau, und bekümmerten sich wenig um gelerte Dinge. Doch beweiset der Tempel-Bau, daß zu den Zeiten Salomo die Baukunst im Werthe gewesen seyn müsse. Imgleichen aus der Menge des Goldes und Silbers und ausländischer Waaren, die zu den Zeiten David und Salomo im Lande sich fanden, scheinet zu erhellen, daß die Schiffart den Ebräern zu derselben Zeit gar bekannt gewesen seyn müsse. Zu einem Handel nach Indien lagen die Hafen Elath und Eziongeber recht bequem, die David in seine Hände bekam, als er Idumäa eingenommen hatte. Und daß sie an der Geschichts-Kunde Geschmack gefunden haben müssen, bezeugen die historischen Bücher, die wir in der heiligen Schrift noch von ihnen übrig haben.

39. Wie viele Zeit begreifet die Fünfte Periode in sich?

Sie hat 372 Jare; vom Jar der Welt 3468, oder vom Ende der Babylonischen Gefängniß an, bis auf die Zeit der Maccabäer, das ist, bis auf das Jar der Welt 3840.

40. Wie lange hat die Babylonische Gefangenschaft gedauert?

Siebenzig Jare. Nach Verlauf derselben verstattete der Persische Monarche Cyrus den
Ju-

Juden die Zurückreise in ihr Land. Nachdem sie
solchergestalt wieder zu Hause waren, wurden
sie von Fürsten und Hohenpriestern regieret.

41. Wie hiessen dieselben Fürsten?

Der Eine hieß Serubabel, der die Juden
in ihr Vaterland zurücke geführet. Er und der
Hohepriester Jesua stifteten erstlich auf einem
dazu erbaueten Altare ein täglich Dank-Opfer:
das Jar darauf aber liessen sie den Grund zu
dem neuen Tempel legen. Dieser Bau fand so
viele Hinderungen von Seiten einiger Feinde
am Persischen Hofe, daß das Werk nicht eher
als unter der Regierung Darius des Ersten mit
rechtem Ernste konnte fortgesetzet werden. Der
Zweite hieß Nehemias, der die Mauern um Jerusalem wieder aufbauete, und das, was sich zu
seiner Zeit in Judäa begeben, schriftlich uns hinterlassen hat. Nach seinem Tode bekamen allein
die Hohenpriester das Regiment.

42. Wie war der Religions-Zustand unter diesen Fürsten und Hohenpriestern?

Die Juden hielten sich nun beständig an die
Vererung des waren Gottes; da sie in den vorigen Zeiten so oft in die Abgötterey verfallen
gewesen. Die Ursache dieser Beständigkeit war
insonderheit, weil überall im Lande Schulen angeleget, und die Schriften Mosis und der Propheten fleißig darinnen gelesen, wurden. Esra
hatte besonders dafür gesorget, daß die alten
Schriften zusammengesuchet, ausgebessert, und

viel:

vielfältig abgeschrieben wurden; und daß es folglich an Exemplarien nicht mangelte.

Hieher gehöret auch der Anfang und Fortgang der Samaritanischen Secte. Denn Salmanaffer hatte die zehen Stämme Israel in die Affyrischen und Medischen Lande weggeführet, und an deren Stelle neue Einwoner in das Israelitische Land geschicket, die aus mancherley Völkerschaften bestunden. Weil aber diese neue Einwoner mit einigen Land-Plagen heimgesuchet wurden; so glaubete Salmanaffer, er müsse sie von der Weise des Gottes der Ebräer unterrichten lassen: und schickete ihnen deshalb einen von den gefangenen Jüdischen Priestern zu. Daraus entstunde bey dieser Völkerschaft eine Vermengung von Jüdischen und heidnischen Gebräuchen: und obgleich diese Vermengung nachher ein wenig näher zu der Jüdischen Weise sich wendete, und ein Tempel auf dem Berge Garizim erbauet wurde: so blieb doch zwischen der Jüdischen und Samaritanischen Religions-Art ein Unterschied, und ein daraus entspringender Haß zwischen beiden.

Uebrigens haben zur Zeit dieser Periode die drey lezten Propheten, Haggai, Zacharias, Malachias, gelebet.

43. Was war für ein Politischer Zustand in dieser Fünften Periode?

Das Jüdische Volk stunde unter Persischer, und darauf unter Griechischer, Oberherrschaft.

Doch

Doch befand es sich unter den Perſern beſſer, als
unter den Griechen: denn von dieſen leztern wur=
de es oft gar harte gedränget.

44. Und wie war es mit der Gelerſamkeit damals
beſchaffen?

. In dieſer Periode kamen die Maſoreten auf,
welches Jüdiſche Sprach=Gelerte waren, die für
die Reinigkeit und Richtigkeit der heiligen Schrif=
ten ſorgeten. Gleichfals innerhalb dieſer Zeit
ſind die Bücher der Könige, der Chronik, des
Esra, Nehemia, Eſther, Syrach, geſchrieben
worden; und in Aegypten wurde die Griechiſche
Ueberſetzung des alten Teſtaments beſorget, die
man Siebenzig Dolmetſchern zuzuſchreiben pfleget.
Man glaubet auch, daß die Puncte unter den
Ebräiſchen Worten zu der Zeit erfunden worden;
da man vor der Zeit des Esra das Ebräiſche ohne
ſolche Puncte geleſen haben ſoll.

45. Wie viele Jare hält die Sechſte Periode in ſich?

Es fänget dieſe Periode an vom Jar der Welt
3840, oder vom Judas Maccabäus; und erſtre=
cket ſich bis auf das Jar 3964 oder bis auf He=
rodes den Großen. Und dieß begreifet einen
Zeit=Lauf von 124 Jaren.

46. Welche waren die Maccabäiſchen Fürſten
und Könige?

Der Stifter des Maccabäiſchen Hauſes hieß
Matathias, mit dem Zunamen Asmonäus;
der ſich zu erſt vornam, die Jüdiſche Freiheit zu
retten. Ihm folgeten ſeine drey Söne, Judas,

B 5 der

der wieder die Syrer tapfer und glücklich fochte,
bis er in einer Schlacht sein Leben einbüßete:
Jonathan, der seinem Bruder in tapfern Krie=
ges=Unternemungen nacheiferte, und endlich
vom Tryphon ermordet wurde: Simon, der
die erworbene Freiheit männlich beschützete und
den Bund mit den Römern und Lacedämoniern
erneuerte, den sein Bruder Jonathan zu schlie=
sen angefangen hatte. Darauf folgete Johan=
nes Hyrkanus, der Samaria eroberte, und
den Tempel auf dem Berge Garizim zerstörete.
Aristobulus, der sich zu erst des königlichen
Namens bedienete. Alexander Jannäus, der
ziemlich grausam seine königliche Würde wieder
den Haß seiner Juden behauptete. Salome
oder Alexandra, Witwe des iezstgenennten
Alexanders; die gar weißlich regierete, und viele
Liebe bey dem Volke sich erwarb. Hyrkanus,
nebst seinem Bruder Aristobulus. Diese zwey
konnten sich nicht vertragen, und erregeten da=
durch große Unruhen im Lande: bis endlich Pompejus Jerusalem eroberte, und den Aristobulus
gefangen nach Rom fürete. Endlich Antigonus, des Aristobulus Son, der, durch Hülfe
der Parther, seinen Vaters=Bruder Hyrkanus
mit verstümmelten Oren vertrieb. Aber eben
diesen Antigonus unterdrückete bald nachher Herodes, der die Regierung der Asmonäer oder
Maccabäer auf sein Haus brachte.

47. Wie stund es mit der Religion unter
den Asmonäern?

Es entstunden damals die Secten der **Pha-**
risäer und **Sadducäer**, die die Qvelle vieler
Unruhen wurden. König Alexander Janndus
hielte es mit den Sadducäern, und übete viele
Grausamkeit wieder die Pharisäer aus. Bey
dem gemeinen Volke aber waren die Pharisäer
in desto größerm Ansehen, fürnemlich wegen des
großen Scheines ihrer Frömmigkeit, und wegen ihrer größern Menge. Diese Pharisäer
vertheidigten die Jüdischen Traditionen aufs
eifrigste. Die Sadducäer waren zwar nicht so
zalreich: aber die Großen hielten es mit ihnen,
und macheten daher den Pharisäern oft viele
Noth. Sie verwurfen die Traditionen, und
andre Pharisäische Scheinheiligkeiten: und dadurch zogen sie die Großen fürnemlich an sich.
Sie leugneten aber zugleich auch die Auferste-
hung der Todten, oder ein Leben nach diesem
Leben.

In eben diese Periode gehören die Hellenisten, das ist, die Juden, die ausserhalb Judäa in heidnischen Landen zerstreuet woneten.
Diese lasen in ihren Synagogen die Schrift aus
der Griechischen Uebersetzung: in ihrem übrigen
Gottesdienste hielten sie es mit den Ebräern.
Gleichwol waren sie bey den Ebräern verhaßt,
sonderlich von der Zeit an, da ein Jüdischer Priester, Onias, zu Heliopolis in Aegypten einen besondern

dern Tempel erbauet hatte: welcher Tempel bis
auf die Zeit des Kaisers Vespasian gestanden
hat. Die Ebräer glaubeten, daß Gott alleine
zu Jerusalem und in dem dasigen Tempel vereret
werden müsse: und hielten daher die Stiftung
des Onias für was ketzerisches. Gleichwol hatten diese Hellenisten auch in Judäa, ia selbst zu
Jerusalem, einige Synagogen.

Von den **Essenern** wird weiter unten etwas
folgen. Im übrigen gab es in dieser Periode
eine Menge von Proselyten, das ist, von Leuten
aus andern Völkern, die sich zur Jüdischen Religion wendeten. Sie waren von zweierley Art.
Einige namen die Beschneidung und alle andre
Jüdische Cärimonien an: und die hiessen Proselyti iustitiae, oder vollständige Proselyten. Andre
erkannten den Gott der Ebräer für ihren Gott,
bekümmerten sich aber weiter um keine Cärimonien und Gebräuche: und die hiessen Proselyti
portae, oder unvollständige Proselyten.

48. Was war für eine Politische Verfassung
in dieser Periode?

Man rechnet zu dieser Zeit die Stiftung des
hohen Rathes oder des Sanhedrins, bestehend
aus Männern, die an Jaren, Tugend und Ein-
sicht, einen Vorzug zu haben erachtet wurden,
und durch deren Ansehen die Macht der Asmo-
näischen Fürsten und Könige oft etwas eingeschränket wurde.

49. Wie

49. Wie ſahe es um die Gelerſamkeit aus?

Die Menge der Jüdiſchen Synagogen und Schulen muchs zu dieſer Zeit überaus an. Die Bücher der Maccabäer und das Buch der Weisheit wurden um dieſe Zeit geſchrieben.

50. Wie viele Jare hat endlich die Siebende Periode?

Sie fänget an vom Herodes dem Großen, oder vom Jare der Welt 3964, und erſtrecket ſich bis auf die Zerſtörung Jeruſalem, oder bis auf das 70 Jahr nach Chriſti Geburt. Dieß iſt ein Zeitlauf von 106 Jaren.

51. Welches waren die Könige und Fürſten aus dem Herodiſchen Hauſe?

Herodes, mit dem Zunamen der Große, war von Herkunft ein Jdumäer: aber er wuſte ſich bey den Römern ſo einzuſchmeicheln, daß er endlich von ihnen die Würde eines Königes der Juden erlangete. Er ließ den Tempel zu Jeruſalem von Grund aus neu erbauen, und ſo koſtbar ausſchmücken, daß er unter die bewundernswürdigſten Gebäude derſelben Zeiten gerechnet wurde. Sonſt aber war er ein grauſamer Mann. Seine Gemalin **Mariamne**, und deren Mutter Alexandra, aus dem Maccabäiſchen Hauſe, ließ er hinrichten: und endlich auch die Söne, die er mit der Mariamne erzeuget hatte. Nach ſeinem Tode wurde das Königreich von den Römern zertheilet: **Herodes Antipas, Archelaus, Philippus,** bekamen ihre Landesportio-
nen

nen unter dem Titel der Tetrarchen, oder der
Fürsten, jeder über ein oder zwey Viertel des
Landes. Darauf folgete Herodes Agrippa, der
durch Begünstigung der Römer alles zusammen
besaß, was sein Grosvater gehabt hatte, nebst
dem königlichen Titel. Auf ihn folgete Herodes Agrippa der zweyte, zur Zeit des Kaisers
Claudius. Endlich Herodes Agrippa der dritte,
zu dessen Zeit Jerusalem nebst dem Tempel zerstöret ward.

52. Wie war der geistliche Zustand in dieser Periode
beschaffen?

Um diese Zeit wird insonderheit vielfältig der
Pharisäer, Sadducäer, Essener, Schreiber,
und Herodianer, Meldung gethan. Die Pharisäer haben ihren Namen von einem Worte,
das Absonderung bedeutet, weil sie in ihrer
Heiligkeit vom gemeinen Manne weit abgeson-
dert zu seyn suchten. Die Sadducäer haben
ihren Namen von dem Stifter ihrer Secte, Sa-
dok. Der Ursprung der Essener ist zweifelhaft.
Sie legeten sich, ihrem Vorgeben nach, blos auf
Betrachtung himmlischer Dinge, von welchem
Betrachten sie auch den Namen haben sollen:
sie beflissen sich einer einfältigen Lebens-Art,
verachteten irdische Vergnügungen, und lebeten
gerne unverheirathet. Die Schreiber halten
einige für einerley mit den Karaiten; die mit
den Pharisäischen Traditionen nichts zu thun haben wolten, und sich alleine an das geschriebene
Gesetze hielten. Die Herodianer aber waren in
Reli-

Religions-Sachen gesinnet, wie Herodes, das ist,
gar gleichgültig. Herodes selbst machte aus der
Jüdischen Religion nicht viel, und die Hohenpriester setzete er nach Belieben ein und ab.

53. Und wie stund es um gelerte Sachen?

Wärend dieser Periode gab es so viele Schulen und Lerer, daß alleine zu Jerusalem an 300
Synagogen gezälet wurden. Ein Hillel, und
ein Schamai, war besonders berümet. Und
so viel mag von der alten Jüdischen Historie genug
seyn.

❖❖❖❖❖❖❖❖❖❖❖❖)❖❖❖❖❖❖❖❖❖❖❖❖

54. Wie viele Monarchien oder Haupt-Regierungen
hat es nach und nach gegeben?

Für erst rechnen wir Viere: die Aßyrische,
Persische, Griechische, Römische.

55. Wer war der Stifter der Aßyrischen Monarchie?

Belus wird für den ersten Monarchen auf Erden gehalten, weil man von keinem vor ihm einige
Nachricht hat. Er soll Babylon zu erbauen angefangen haben, und man saget, er heisse in der
Bibel Nimrod.

56. Wie heissen die bekanntesten Regenten nach der
Zeit des Belus.

Erstlich ist Ninus zu behalten, der die Stadt
Ninive erbauet und zur Residenz gemachet hat.
Dieser soll zu erst angefangen haben, Kriege zu
füren, damit er seine Herrschaft erweitern möchte.
Seine Gemalin war Semiramis, die nach sei-
nem

nem Tode lange regieret hat. Die Stadt Babylon wurde von ihr vergrößert, und mit starken
Mauern umgeben: sie breitete auch ihre Herrschaft durch glückliche Kriege noch weiter aus.
Auf sie folgete ihr Son Ninyas oder Ninus
der zweite; der die Mode einfürete, sich selten
öffentlich sehen zu lassen. Und bey dieser Mode
blieben seine Nachfolger viele hundert Jare.
Der lezte Assyrische Monarche hieß Sardana-
palus, der das wollüstige Leben aufs höchste
trieb. Sein Statthalter in Medien, Arbaces
erregete einen Aufstand wieder ihn, der so weit
gieng, daß Sardanapal sich aus Verzweifelung
in seinem angezündeten Pallaste selbst mit ver-
brennete.

57. Wie ergieng es dem Assyrischen Reiche hierauf?

Es zertheilete sich in drey Königreiche, die
man das Medische, das neue Assyrische, das
Babylonische, zu nennen pfleget.

Der Erste Medische König war der vorgedachte
Arbaces, (die mittelste Syllbe wird kurz ausge-
sprochen) dessen Nachkommen diesen Thron lange
besessen haben. Der vorlezte König hieß Astyages;
dessen Son Cyaxares beschloß die Reihe der Medischen Könige, und es gerieth dieses Land dem
Persischen Monarchen Cyrus in die Hände. Die
Residenz war Ecbatana gewesen.

Die Hauptstadt des neuen Assyrischen Reiches war Ninive: der erste König hieß Phul,
auf welchen Tiglatpileser, Salmanasser, Se-
nache-

nacherib, Aſſarhaddon, folgeten. Endlich
gerieth dieſes Königreich unter die Herrſchaft der
Mediſchen und Babyloniſchen Könige, die ſich,
nach der gemeinen Erzelung, darein theileten.

Die Babyloniſchen Könige hatten ihren Siß
zu Babylon: und unter denſelben iſt keiner ſo
bekannt wie Nebukadnezar, deſſen Herrſchaft
ſich gar weit im Oriente erſtrecket hat. Seine
Nachfolger wurden endlich vom Perſiſchen Cyrus überwunden. Uebrigens iſt in dieſem Stücke
der Hiſtorie große Ungewisheit.

58. Was haben etwa für andre merkwürdige Völker-
ſchaften zur Zeit der Erſten Monarchie ſich
hervor gethan?

Erſtlich verdienet Aegypten viele Bewun-
derung, in Anſehung der Menge ſeiner Einwoner, der Fruchtbarkeit des Landes, des Flors
der Wiſſenſchaften und Künſte, und der ſon-
derbaren Gebäude. Der Griechiſche Geſchicht-
Schreiber Diodor meldet, daß man ehemals in
Aegypten an 18000 Städte (vielleicht die Dör-
ſer mitgerechnet) gezälet habe: die Hauptſtadt
hieß Heliopolis (die Sonnen-Stadt) oder auch
das Aegyptiſche Theben; die als eine überaus
große Stadt beſchrieben wird. Ihr Stifter ſoll
Buſiris geweſen ſeyn, der dieſelbe, nebſt ſeinen
Nachfolgern, auf das prächtigſte, inſonderheit
mit Statüen und Obelisken, das iſt, mit hohen Flamm-Säulen aus einem einzigen Felſen ge-
hauen, ausgeſchmücket hat. Ihren Umfang

kann man daraus schließen, daß sie hundert Thore
gehabt. Unter die sonderbaren Baue gehören
fürnemlich die Pyramiden, und der Labyrinth.
Die Pyramiden sind unten vierecfete und immer schmaler in die Höhe gehende, große Werke;
von denen man vermuthet, daß sie Grabmale
Aegyptischer Könige sind. Man siehet noch
heutiges Tages einige davon in diesem Lande.
Der Labyrinth war ein weitläufiges, aus wunder-
bar durcheinander geschlungenen vielen Gängen
bestehendes, Gebäude; das gleichfals ein Grab-
mal in seiner Mitte gewesen seyn mag. Die
Aegyptischen Könige liessen dergleichen große
Werke bauen, theils ihres Namens Gedächtniß
zu stiften, und ihren Reichthum zu zeigen; theils
dem Volke was zu thun und zu bewundern zu
geben.

Nächstdem waren die Phönizier ein berümtes
Volk. Sie legten sich, ausser der Gelersamkeit,
auf Kaufmannschaft, und Schiffart: ihre Hauptstadt hieß Tyrus, die größeste und reicheste Han-
delsstadt in der ehemaligen Welt. Unter den
dasigen Königen ist ein Pygmalion bekannt,
dessen Schwester Dido eine Phönizische Kolonie
auf die Africanische Küste gefüret, und Karthago erbauet hat.

Nicht weniger waren die Lydier ein ansehnlich
Volk; sonderlich zur Zeit ihres Königes Krösus,
dessen Reichthum gepriesen wird.

59. Was

59. Was hat man für Nachricht von der Gelersam=
keit zur Zeit der Ersten Monarchie?

Die Dichter, Homerus, Hesiodus, Aeso=
pus, haben in denselben Zeiten gelebet: imglei=
chen die sogenannten Sieben Weisen. Man
rechnet dahin auch die Sibyllen, welche weissa=
gende Weiber waren. Bey den Aegyptiern war
die Philosophie im Flore; bey den Chaldäern die
Astronomie. Wie hoch man es zu denselben
Zeiten in der Baukunst und in Mechanischen
Wissenschaften, bey den Assyrern und Chaldäern
gebracht, beweisen die Städte Ninive und Baby=
lon mit ihren besondern Bauwerken.

60. Wie lange hat die Persische Monarchie gedauert?

Sie hat etwas über 200 Jare gedauert, vom
Cyrus, das ist vom Jare der Welt 3468 an,
bis auf den lezten König Darius, den die Grie=
chen im Jare der Welt 3674 zu Grunde rich=
teten.

61. Wie heissen die Persischen Monarchen nach
einander?

1. **Cyrus,** von Geburt ein Persischer Fürst
und des Medischen Königes Astyages Tochter
Son, brachte nach und nach alle Lande im vor=
dern Asien unter sich, und regierete überaus weise
und glücklich

2. **Cambyses,** des Cyrus Son, eroberte Ae=
gypten; und war im übrigen ein grausamer
Herr.

3. **Smerdis.** Diesen Namen hatte der Bru=
der des Cambyses geführet: Cambyses aber hatte
den=

denselben tödten lassen. Nach Cambyses Tode
gab ein Betrieger, der dem Smerdis änlich
sahe, sich für denselben aus, und regierete einige
Monate: es ward aber der Betrug entdecket,
und die Persischen Großen erschlugen ihn. Als
sich nun die Großen wegen der Wal eines neuen
Königes nicht vereinigen konnten; so kamen sie
endlich kurz vor Sonnen-Aufgang auf freiem
Felde zusammen, mit der Abrede, wessen Pferd
zu erst wiehern würde, der solle König seyn.

4. Darius, Hystaspis Son, ward auf die
ieztgedachte Art König. Babylon wolte ihn
nicht erkennen, und er muste diese wichtige Stadt
mit Gewalt und List erobern. Er that einen unglücklichen Einfall in Griechenland, der seinem
Nachfolger Gelegenheit zu dem großen Kriege
gab.

5. Xerxes, des Darius Son, gieng mit der
stärkesten Macht zu Lande und Wasser auf die
Griechen los: wurde aber überall geschlagen, zur
See vom Themistocles, zu Lande vom Pausa-
nias. Und als er nach Hause geflohen war, wurde
er von seinen eigenen Leuten ermordet.

6. Artaxerxes der Erste, mit dem Zunamen
Longimanus, oder mit den langen Händen.
Er muste die Aegypter von neuem bändigen, und
mit den Griechen machete er Friede.

7. Xerxes der zweite, wurde gar bald von seinem Bruder erschlagen.

8. Ochus

8. **Ochus**, oder auch **Darius Nothus**, der
seinen Bruder und König erschlug.

9. **Artaxerxes** der Zweite, mit dem Zunamen
Mnemon, oder von gutem Gedächtnisse, suchete
die Griechischen Staaten durch List zu schwächen.
Sein Bruder, der jüngere **Cyrus**, ein überaus
belobter Fürst, fieng einen Krieg wieder ihn an,
in welchem Cyrus durch eine Verwundung ins
Auge um das Leben kam.

10. **Artaxerxes Ochus**, ließ achtzig seiner
Brüder an einem Tage hinrichten, und wurde
endlich durch einen Kämmerer erschlagen.

11. **Arses**, kam durch eben denselben Kämmerer um.

12. **Darius Codomannus**, ein Verwandter
des königlichen Hauses, wurde durch Hülfe desselben Kämmerers auf den Thron gesetzet. Der
Griechische König **Alexander** griff ihn an, und
eroberte, nach drey grossen Schlachten, das ganze
Persische Reich.

62. Was war die Ursache des Unterganges dieses
großen Reiches?

Die beiden mächtigen Könige, **Darius Hy-**
staspis und **Xerxes** der Erste, hatten vergeb-
lich versuchet, ob sie Griechenland unter sich bringen könnten: darauf fiengen die folgenden Könige an, sich vor den Griechen zu fürchten, und
suchten daher durch allerley Bestechungen immer
innerliche Uneinigkeiten unter den Griechischen

    Staa-

Staaten zu unterhalten. Aber sie hatten den
Macedonischen König Philippus, und dessen
Son Alexander, zu mächtig werden lassen, daß
diese das ganze Griechenland unter ihren Gehorsam bringen können.   Darüber war der leztere
in den Stand gekommen, die Perser ungehindert
anzugreifen.

63. Wie war der Zustand der Religion und der Gelersamkeit bey den Persern zur Zeit der Zweiten
Monarchie?

Die Gelerten bey den Persern waren in zwey
Haupt-Secten getheilet, in die Sabäische und
Magische.   Die Sabäer hielten die Gestirne
für Götter, die Sonne aber für die höchste Gottheit: sie verereten auch Bilder.   Die Magier
hingegen verwurfen allen Bilder-Dienst, und
verereten blos die Sonne, unter dem Zeichen eines heiligen Feuers.   Bald hatten die Sabäer,
bald die Magier die Oberhand.   Zoroaster aber,
der zu den Zeiten des Darius Hystaspis gelebet,
brachte die Lehre der Magier in den Stand, daß
alle Große, und der Hof, es nachher beständig
mit derselben hielten.

64. Wie stund es in Griechenland vor der Zeit
Alexander des Großen?

Griechenland war in viele kleine freie Staaten zertheilet, die verschiedene Gesetze und Gewonheiten hatten.   Unter diesen hoben mit der
Zeit die Athenienser das Haupt empor, so, daß
viele andre sich unter ihren Schutz begaben.   Es
blü-

blüheten zu Athen die Wissenschaften und Künste, insonderheit die Beredsamkeit, und eine feine
Lebens-Art. Nächst den Athenensern thaten die
Lacedämonier sich, insonderheit durch ernsthafte arbeitsame Lebens-Art und durch gute Krieges-Zucht, hervor, die ihnen ihr Gesetzgeber Ly-
kurgus vorgeschrieben hatte. Diese beide vornemste
freie Staaten hatten oft gar schwere Kriege wiedereinander: und es war eine Zeit, da die Athenienser, am Ende des großen Peloponnesischen Krieges, ganz unten lagen. Mit der Zeit kamen auch
die Thebaner zu einer solchen Stärke, daß sie, unter Anfürung ihres Epaminondas, den Lacedämoniern zu Leibe gehen, und dieselben in zwey
Schlachten, bey Leuktra und bey Mantinea, dergestalt demüthigen konnten, daß ihnen die Gedanken von einer Botmäßigkeit über Griechenland
völlig vergiengen. Endlich stunde aus der verachteten, und kaum unter die Griechen gerechneten,
Provinz Macedonien der listige König Philippus
auf, der sich die Uneinigkeiten der griechischen
Staaten, und die Geld-Liebe mancher Vorsteher
in denselben, also zu Nutze zu machen wuste, daß
er zulezt das Haupt von ganz Griechenland war.
Er machete darauf Anstalt zu einem Kriege wieder die Perser: wurde aber mitten in der Zube-
reitung meuchelmörderisch von einem Macedonischen iungen Edelmanne erstochen. Ihm folgete
sein Son Alexander, der das ausfürete, was
sein Vater angefangen hatte.

C 4   65. Wie

65. Wie hatte es mit der Regierungs-Forme in den Griechischen Staaten ausgesehen?

Jeder Staat regierete sich nach seinen Gesetzen, iedoch so, daß bey einigen das ganze Volk, bey andern aber nur die Vornemsten, das meiste zu sagen hatten. Sonderlich waren hierinn die Athenienser und Lacedämonier unterschieden; iene liebeten die Democratie, diese die Aristocratie. Wenn daher die Athenienser die Oberhand bekamen, so fürcten sie überall die democratische Verfassung ein, und vertrieben die andern Regenten: die Lacedämonier thaten das Gegentheil an allen den Orten, wo sie zu befelen hatten. Wenn indessen ein allgemeiner Feind zu bestreiten war, so hielten sie zusammen: gleichwie sie denn auch eine Art von einem gemeinschaftlichen Senate hatten, der die **Versammlung der Amphiktionen** genennet wurde.

66. Wie befande sich die Gelersamkeit zur Zeit der Freiheit Griechenlandes?

Griechenland, und insbesondre Athen, hatte in allem, was durch den menschlichen Geist oder durch menschliche Kunst schönes hervorgebracht werden kann, die größesten Meister, deren Werke noch bis ietzo, so viel wir davon übrig haben, bewundert werden. Die Geschichtschreiber **Herodotus, Thucydides, Xenophon,** die Philosophen **Plato, Aristoteles, Socrates,** die Redner **Demosthenes, Isocrates, Aeschines,** werden immer unübertrefliche Muster in ihrer Art bleiben: und diese sind nur Exempelsweise unter so vielen andern genennet.

67. Wie

67. Wie gieng es nun mit Stiftung der Dritten Monarchie zu?

Nachdem Alexander ganz Griechenland zu seinem Willen gebracht, und das wiederſetzliche Theben zerſtöret hatte: gieng er, mit einer nicht gar zalreichen Macht, hinüber nach Aſien. Die Erſte Schlacht mit den Perſern gewann er bey dem Fluſſe Granicus im vördern Aſien: die Zweite in den engen Gegenden von Cilicien: die Dritte und blutigſte bey dem Flecken Arbela in dem hintern Aſien. Der Perſiſche König Darius war bey den zwey leztern ſelbſt zugegen geweſen. Als er, nach Verluſt der dritten Schlacht, ſich aufs neue eifrig rüſtete, wurde er von einem ſeiner Vaſallen, Namens Beſſus, tödtlich verwundet. Solchergeſtalt bemächtigte ſich Alexander aller der Lande, die ehemals zu der Perſiſchen Monarchie gehöret hatten; ia er gieng bis in das entlegenſte Indien. Aber er genoß ſeine Siege nicht lange: ſeine Unmäßigkeit im trinken, der er ſich auf die lezt ergeben hatte, brachte ihn in ſeinen beſten Jaren um das Leben. Er hinterließ einen Bruder, Aridäus, und eine ſchwangere Gemalin: aber es wärete nicht lange, ſo war das ganze königliche Haus, von denen, die gerne ſelber regieren wolten, nach und nach ausgerottet.

68. Was für Regierungen entſtunden alſo nach Alexanders Tode?

Die größeſten Generals-Perſonen theileten ſich in die Provinzen, vorerſt unter dem Namen der

Statthalter; nicht lange darauf aber namen sie
den königlichen Titel an.   Die vornemsten Königreiche waren, das Macedonische, das Asia-
tische, das Syrische, das Aegyptische.

69. Welche haben in Macedonien geherrschet?

Antipater nennete sich nur noch Vormund
und Statthalter: sein Son und Nachfolger Cas-
sander fürete den königlichen Titel, nachdem das
Alexandrische Haus vertilget worden war. Darauf folgeten die Könige, Demetrius der Erste,
mit dem Zunamen Poliorcetes oder der Eroberer: Seleucus Nicator, Meleager, Demetrius der Zweite, Philippus. Dieser Philippus bekam es mit den Römern zu thun, die ihn
endlich zu einem Frieden zwungen: sein Son
und Nachfolger Perseus aber, der den Krieg
erneuerte, wurde von dem großen Römer Ae-
milius Paulus überwunden, gefangen, zu
Rom im Triumphe aufgeführet, und Macedonien, nebst dem übrigen Griechenlande, in eine
Römische Provinz verwandelt. Es geschahe
das im Jare der Welt 3836.

70. Wie ergieng es dem Asiatischen Königreiche?

Es begriff das ganze vordre Asien unter sich,
und der Erste König hieß Antigonus. Mit
der Zeit theilete es sich in drey kleinere Reiche:
in das Pergamenische, dessen lezter König At-
talus das römische Volk zum Erben des Landes,
und seiner Schätze, einsezete: in das Ponti-
sche, dessen lezter König Mithridates, nach

einem

einem überaus langen und blutigen Kriege, von
den Römern endlich völlig überwunden, und
das Land zur römischen Provinz gemachet, wurde: in das Armenische, dessen lezter König Tigranes hieß.

71. Welche Könige sind im Syrischen Königreiche
vor andern merkwürdig?

Es haben 22 Könige nach einander, ziemlich
unruhig, da geherrschet: die berümtesten aber
sind, Seleucus, der Stifter dieses Königreiches: Antiochus Soter, zu dessen Zeit die
Parther ein neues Reich im Oriente stifteten,
zu welchem ganz Persien gehörete, und ihr erster
König hieß Arsaces: Antiochus der Große, der
zwar die Syrische Herrschaft ziemlich erweiterte,
darüber aber mit den Römern uneins wurde, die
ihm alles wieder abnamen, was er disseit des Ge-
birges Taurus sich angemaßet hatte: Antiochus
Epiphanes, der wegen seiner unnützen Grausamkeit gegen die Juden berüchtiget ist: Tigranes,
der zugleich König in Armenien war: die Römer
aber vertrieben ihn aus Sirien, und verwan-
delten es in eine römische Provinz; Armenien
wurde ihm auf Lebenslang gelassen.

72. Und wie gieng es in Aegypten?

Das Aegyptische neue Königreich nach Alexanders Tode, hat unter zwölf Königen bey nahe
240 Jare gestanden. Der Stifter war Ptolemäus, des Lagus Son, und alle seine
Nachfolger behielten den Namen Ptolemäus,
und wurden durch besondre Zunamen unter-
schie-

schieden. **Ptolemäus Philadelphus** stiftete in der Residenz Alexandria eine große Bibliothek: man glaubet auch, daß zu seiner Zeit die griechische Ueberſetzung des alten Teſtamentes gemachet worden, die man die LXX Dollmetſcher zu nennen pfleget. Zulezt regierte die Königin **Kleopatra**: die hielte es mit dem Antonius wieder den Auguſtus, wurde zugleich mit demſelben überwunden, tödtete ſich ſelber, und Aegypten wurde eine römiſche Provinz. Solchergeſtalt kamen alle Lande der Griechiſchen Monarchie, die **Parthiſchen** Lande ausgenommen, in die Hände der **Römer**.

73. Wie ſtund es um Wiſſenſchaften und Künſte zur Zeit der Dritten Monarchie?

Es blüheten in Griechenland viele **philoſophiſche** Secten. **Plato** war der Stifter der **Akademiſchen** geweſen, **Ariſtoteles** der **Peripatetiſchen**, **Zeno** der **Stoiſchen**, **Epicurus** der **Epicuriſchen**, **Pyrrho** der **Sceptiſchen**, **Antiſthenes** der **Cyniſchen**, und andre noch einiger andern. Zur Zeit des obgenenneten **Ptolemäus Philadelphus**, war Alexandria ein Sammelplatz der Gelerſamkeit und der Künſte: die daſige Bibliothek wuchs nach und nach auf Siebenmal hundert tauſend Stück Bücher an: man erfand eben daſelbſt den Gebrauch des **Papiers**, welches aus einer Pflanze gemachet wurde, die in den Aegyptiſchen Moräſten häufig wuchſe; und dieſen Namen hat auch unſer heutiges Papier, das aus Lumpen bereitet wird, behalten. Zu Per-
gamus

gamus in Aſien legte König **Eumenes** gleichfals eine große Bibliothek an: und weil er nicht
Papier genug aus Aegypten bekommen konnte,
ließ er Leder ſo zubereiten, daß darauf geſchrieben werden konnte; daher der Name, Perga-
men, entſtanden iſt.

**74. Wie ſahe es mit den Römern vor der Monar-
chie aus?**

Man theilet überhaupt die Römiſche Hiſtorie
in drey Zeiten: zur Zeit der **Könige,** zur Zeit der
Conſuln, zur Zeit der **Kaiſer.**

75. Wie lange haben Könige zu Rom geherrſchet?

Von Stiftung der Stadt Rom an, bis auf
die Vertreibung des lezten Königes, 244 Jare.
Die **Namen** der Könige ſind folgende. 1) **Romulus,** der die Stadt Rom anlegete, und ſeinen Bruder **Remus** aus Staats-Eiferſucht erſchlug. Der Grund zur Bevölkerung der neuen
Stadt waren einige anſehnliche Familien aus der
alten Reſidenz der Italiäniſchen Könige, **Alba,**
und eine Anzal Dorf-Leute; und nächſt dem lief
aus Italien alles nach der neuen Stadt, was
anderwärts nicht bleiben konnte. Als die Zal
der Mannesperſonen ſtärker wurde, als der
Weibesperſonen: ließ Romulus ausſprengen, es
würden ſehenswürdige Schauſpiele gehalten werden; und als viele benachbarte mit ihren Töch-
tern nach Rom kamen zum Zuſchauen, ließ er
alle mannbare Töchter mit Gewalt wegnemen.
Es entſtunde zwar ein Krieg darüber mit den
Nach-

Nachbaren: aber die geraubeten Frauenspersonen legeten sich ins Mittel, daß Friede wurde, und daß ihre Verwandte ihre Wonung nach Rom versetzeten. Romulus selber nam den Sabinischen Heerfürer Tatius zu seinem Mit-Regenten an. Nach ihm folgete 2) *Numa Pompilius,* ein weiser Herr, der die Nation mit Gottesdiensten versorgete, das Jar in zwölf Monate ordentlich eintheilete, und einen beständigen Frieden unterhielte. 3) *Tullus Hostilius,* von einem kriegerischen Geiste. Er fürete alle Einwoner der alten Stadt Alba nach Rom, und vergrößerte die Stadt. 4) *Ancus Martius,* sorgete insonderheit für schöne Gebäude. 5) *Tarqvinius Priscus,* war ein Liebhaber der Pracht, und fürete die obrigkeitlichen Staats-Zeichen ein. 6) *Servius Tullius* stiftete die Abtheilungen des römischen Volkes in Classen und Centurien, nach dem Vermögen das ein ieder im Besitze hatte; und verordnete, daß die Zälung des Volkes alle Fünf Jare wiederholet werden solte. Nachdem er 44 Jare weislich regieret hatte, brachte ihn sein Nachfolger, der zugleich sein Schwieger-Son war, ums Leben. 7) *Tarqvinius Superbus,* ein großer Tyrann, der aber das Kapitol, und die unterirdischen Kanäle zu Reinigung der Stadt, aufs kostbareste anlegete. Er wurde endlich mit seinem ganzen Hause aus Rom vertrieben, und die königliche Regierungsforme wurde auf ewig abgeschaffet.

76. Wie war die königliche Regierungs=Forme
beschaffen gewesen?

Nicht ganz uneingeschränket. Es war ein
hoher Senat dem Könige zur Seite gesetzet, der
aus den reichesten und edelsten Häusern bestun=
de; das Volk hatte in seinen Versammlungen
gleichfals was zu sagen. Diese Versammlun=
gen hießen Comitia.

77. Was kam für eine Regierungs=Forme nach
Abschaffung der königlichen Würde auf?

An statt Eines bisherigen Oberhauptes wur=
den Zwey erwelet, mit dem Bedinge, daß ihre
Regierung nur immer Ein Jar lang wären solte:
im übrigen hatten diese zwey, alle die Vorrech=
te und Hoheit, die ein König vorher gehabt.
Sie füreten den Titel Consul, weil sie dem Va=
terlande zum Besten rathen selten. Die beiden
ersten Consuls hießen Junius Brutus und Tar=
qvinius Collatinus.

78. Was hat sich nun unter dem Regimente solcher
Consuln begeben?

Die Kriege, die die Römer unter den Con=
suln geführet haben, waren theils Italiänische,
theils auswärtige, theils innerliche Kriege:
und die Herrschaft der Römer breitete sich über
einen großen Theil unsrer Erde aus.

79. Was für Italiänische Kriege sind geführet
worden?

Die wichtigsten waren wieder die Etrurier,
Vejenter, Gallier, Samniter, Tarentiner. Die
ärgesten Feinde waren die Gallier, die unter ih=
rem

rem Anfürer **Brennus** Rom eroberten, verbrann=
ten, und das Kapitol belagerten. **Kamillus**
aber sammlete die zerstreuete römische Mann=
schaft, schlug die Gallier, und stellete Rom wie=
der her: daher man ihn den zweiten Romulus
nennete. Die Samnitischen und Tarentinischen
Kriege waren nicht weniger gefärlich. Die Ta=
rentiner rufeten den Epirotischen König **Pyr-**
rhus zu Hülfe, der einige Siege über die Römer
erhielte. Endlich aber wurde er doch aus Jta=
lien getrieben: und darauf kam ganz Jtalien
nach und nach unter die römische Botmäßigkeit.

80. Welches sind die vornemsten auswärtigen Kriege
gewesen?

Erstlich, die drey **Punischen** Kriege. Die
Stadt **Karthago** auf der Africanischen Küste, als
eine Phönizische oder Punische Kolonie, war
durch ihren großen Seehandel so mächtig wor=
den, daß sie nicht nur ein weitläufiges Land in
Africa sich unterwürfig machete, sondern auch
die Herrschaft über Spanien, Sicilien und Sar=
dinien zu behaupten suchete. Darüber geriethen
die Karthaginenser mit den Römern in Krieg.
Die zwey erstern Kriege waren langwierig und
blutig: der dritte endete sich mit Zerstörung der
Stadt Karthago.

Zweitens, die zwey **Macedonischen** Kriege,
den ersten mit dem Könige **Philippus**, den
zweiten mit dem **Perseus**. Siehe die 69 Frage.

Drittens, der **Syrische** Krieg, mit dem
großen **Antiochus**. Siehe die 71 Frage.

Vier=

Viertens, der Achäische Krieg, in welchem die damals reiche Stadt Korinth zerstöret wurde.

Fünftens, der Cimbrische Krieg, als die Cimbrier, eine deutsche Nation, in Italien mit einer großen Menge eingefallen waren. Marius machte dieser Gefar für die Römer ein siegreiches Ende.

Sechstens, der Helvetische und Gallische Krieg, den Julius Cäsar glücklich ausfürete.

81. Was für innerliche Kriege haben die Römer unter sich selbst gehabt?

Den Ersten innerlichen großen und blutigen Krieg füreten Marius und Cinna und Sylla wiedereinander: in welchem Sylla die Oberhand behielte, und zum immerwärenden Dictator oder Monarchen gemachet wurde. Der Zweite war zwischen dem Pompejus und Cäsar: und da wurde Cäsar das, was Sylla gewesen war. Den Dritten hatten Antonius und Octavius mit einander: bey dem Vorgebirge Actium wurde endlich Antonius in einer See-Schlacht überwunden, und Octavius, der den Zunamen Augustus bekam, stiftete die fortdauernde römische Monarchie.

82. Was war die Ursache solcher innerlichen Kriege?

Der hohe römische Adel hatte beständig, seit Vertreibung der Könige, darnach getrachtet, die Oberherrschaft alleine zu haben, und die Freiheit des Volkes zu schmälern; und da war es ganz natürlich, daß endlich Einer das zu erlangen su-

v. Holb. Welt-Hist.   D   chete,

chete, wornach viele strebeten. Alle römische
Geschichtbücher, die von den Zeiten des freien
Roms unter der Regierung der Consuln handeln,
sind voll von Streitigkeiten, die das Volk mit
dem Senate gehabt. Das Volk erlangete endlich eine eigene Obrigkeit, welche die Rechte der
Gemeinen wieder den Adel vertheidigen konnte:
lateinisch heissen sie Tribuni Plebis, die man auf
deutsch die Sprecher der Gemeinen nennen
kann. Und diese Sprecher waren die immer-
wärende Ursache vieler innerlichen Unruhen. Zulezt war dem römischen Staate gar nicht anders zu
helfen, als daß die höchste Gewalt Einem alleine
übergeben wurde.

83. In was für Zustande befand sich die Gelersamkeit nebst andern schönen Künsten zur Zeit der
Consuln?

Die meisten Römer bekümmerten sich lange
Zeit um weiter nichts, als um den Ackerbau und
um die Krieges Künste. Wie groß die Unerfa-
renheit in schönen Künsten gewesen seyn müsse,
kann man aus dem Verhalten des römischen
Heerfürers Mummius schließen, der die Ge-
mälde der größesten Meister Griechenlandes aus
der eroberten Stadt Korinth nach Rom schaffen ließ, und den Schiffern aufgab, daß, wenn
sie was daran schadhaft werden liessen, oder wenn
sie ein Stück verlören, sie es aus ihren Mitteln
wieder herstellen solten. Zur Zeit des ältern Cato
kamen einige Philosophen nach Rom: und da
ruhete dieser ernsthafte Mann nicht eher, bis ihnen

nen anbefolen wurde, sich aus der Stadt zu entfernen, weil sie die Gemüther weichlich und un-
kriegerisch macheten. Aber gegen das Ende des
freien Staates legeten sich die Römer auf alle
Arten von Gelersamkeit und Wissenschaft.

84. Wie kann nun die Historie der Vierten oder Römischen Monarchie eingetheilet werden?

Die römische Monarchie befand sich lange unter Einem Monarchen; nachher wurde sie in
Zwey Reiche, in das Orientalische und Occidentalische, getheilet. Also könte man diese Historie,
vor der Theilung und nach der Theilung, betrachten. Wir finden aber für besser, die Geschichte
dieser Monarchie in die Zeiten der Heidnischen
und der Christlichen Monarchen einzutheilen.
Und nachher wollen wir die Reiche kürzlich durchgehen, die nach dem Verfalle der römischen Oberherrschaft entstanden sind.

85. Wie heissen nun die Heidnischen römischen
Monarchen?

1) Augustus, der Stifter der Monarchie,
der den innerlichen Kriegen ein Ende machete,
und bey nahe 57 Jare glücklich regieret hat. Zu
seiner Zeit wurde der Welt-Heiland Jesus
Christus geboren: und von dieser Geburt gehet
die christliche Zeit-Rechnung an.

2) Tiberius, ein Stief-Son des Augustus,
ein argwönischer und grausamer Herr. Sein
oberster Minister Sejanus half ihm viele Unge-
rechtigkeit ausüben, da er selbst auf der kleinen

Jnſel Capreà in Ruhe zu leben ſchiene: aber endlich wurde dieſer Sejanus auf das elendeſte ge-
ſtürzet. Unter dem Tiberius wurde **Chriſtus**
gekreuziget.

3) **Cajus,** dem die Soldaten in ſeiner Kind-
heit den Zunamen **Caligula** gegeben hatten,
weil er im Lager erzogen wurde, und kleine Sol-
daten-Stiefeln truge. Er war ein großer Wüterich: er wolte durchaus eine Gottheit ſeyn:
und wurde endlich von ein paar Oberſten der
Leibwache erſtochen.

4) **Claudius,** ein von Natur einfältiger Herr,
deſſen Einfalt denn auch gar mannigfaltig ge-
mißbrauchet wurde. Seine Gemalin **Meſſalina** hatte die Kühnheit, bey ſeinem Leben ſich
mit dem Cajus Silius zu vermälen: welches
aber beiden den Tod brachte. Seine andre Gemalin hieß **Agrippina,** die aus ihrer erſtern Ehe
einen Son, **Nero,** hatte. Dieſen Nero nam
Claudius zu ſeinem Sone an, und übergieng den
Britannicus, den er mit der Meſſalina erzeuget gehabt. Uebrigens wurde zu ſeiner Zeit
Britannien von den Römern völlig erobert, und
zu einer Provinz gemachet. Er ſturb an beygebrachtem Gifte.

5) **Nero** regierete in den erſten fünf Jaren
überaus löblich: **Burrhus,** ein großer Krie-
ges-Verſtändiger, und **Seneca,** ein großer
Weltweiſer, waren ſeine Lieblinge: aber nachher
wurde er der entſezlichſte Tyrann, und ausge-
laſſen-

laſſenſte Schwelger. Seinen Halb - Bruder
Britannicus ließ er vergiften; ſeine Mutter
Agrippina, und ſeine Gemalinnen Octavia
und Poppäa, ließ er ums Leben bringen; Rom
ließ er auf einmal an vielen Orten anzünden und
abbrennen, damit er die Luſt haben möchte, eine
große Stadt brennen zu ſehen. Endlich fiel al=
les von ihm ab, und aus Verzweifelung erſtach er
ſich ſelber, da er kaum etliche dreißig Jare alt
war.

6) Galba wurde von ſeiner Armee in Spa=
nien zum Kaiſer aufgeworfen. Er war ſchon
ziemlich alt. Als er aber die Krieges-Zucht bey
der kaiſerlichen ſtarken Leibwache verbeſſern wolte;
wurde er erſtochen.

7) Otho hatte Schuld am Tode des Galba.
Weil aber Vitellius wieder ihn anzog, und er
in einer Schlacht war überwunden worden; er=
ſtach er ſich ſelber.

8) Vitellius wurde von ſeiner Armee in
Deutſchland zum Kaiſer ausgerufen, übrigens.
ein Herr, der lieber eine prächtige Tafel hielte,
als daß er viel mit Regierungs-Sorgen zu thun
haben wolte. Weil nun zu gleicher Zeit die rö=
miſche Armee im Oriente ihren Anfürer Vespa-
ſian zum Kaiſer ernennet hatte; und iedermann
ſich von dieſem was beſſeres verſprach: ſo wurde
Vitellius zu Rom gar ſchimpflich ums Leben gebracht.

D 3   9) Vespa-

9) Vespasianus, ein kluger und glücklicher Herr, deſſen Regierung ſonſt in nichts getadelt wird, als daß er ein wenig zu geizig gewesen ſeyn ſoll. Aber vielleicht erforderte der erſchöpfete öffentliche Schaß einen genauen Wirth.

10) Titus, des vorigen Son, ein überaus gütiger Herr. Er hielte die Tage für verloren, an denen er niemandem was erfreuendes zu beweisen Gelegenheit gehabt. Zu der Zeit dieser beiden Kaiſer war der große Jüdiſche Krieg, und Titus eroberte Jerusalem noch bey Lebzeiten ſeines Vaters. Er ſturb an beygebrachtem langſamen Gifte von ſeinem Bruder.

11) Domitianus, der einzige Bruder des Titus, ein abſcheulicher Tyrann, ſonſt aber ein Liebhaber der Gelerſamkeit. Nach einer blutigen Regierung von 15 Jaren, wurde er in ſeinem Pallaſte von einem Oberſten erstochen.

12) Nerva, war ſchon ziemlich bey Jaren, als er zum Kaiſer ausgerufen wurde: und als er deßhalb Unruhen beſorgete, ernennete er den Heerfürer der römiſchen Krieges = Völker in Deutſchland, Trajan, zu ſeinem Sone.

13) Nerva Trajanus, ein munterer Held, und zugleich ein weiſer Regente; dem der Senat den Beinamen Optimus, der Beſte, beilegete. Er eroberte im Oriente das ganze Parthiſche Reich: ſein Nachfolger aber verließ dieſelben Lande wieder, und ſeßte den Euphrat zur Gränze der Römer. Gleichfals eroberte

oberte Trajan die Dacischen Lande, in der Gegend des heutigen Siebenbürgen.

14) Aelius Hadrianus, ein unergründlicher
Herr, und von einer Gelersamkeit, der nichts
verborgen war.   In den leztern Jaren des vorigen Kaisers hatten die Juden angefangen,
gräßlich zu wüten.   Sie wurden aber nun, unter ihrem betrieglichen Meßias und Aufwiegeler,
Barcochab, völlig gedämpfet.

15) Antoninus, mit dem Zunamen Pius, der
Fromme, regierete im glückseligsten Frieden.

16) Marcus Antoninus, mit dem Zunamen Philosophus oder der Weise, war ein voll-
kommenes Muster eines guten Fürsten.   Mit
den unruhigen Marcomannen in Deutschland
fürete er einen glücklichen Krieg aus.

17) Lucius Commodus trat nicht in seines
Vaters Fußstapfen, sondern wurde in allem einem Nero änlich: daher ihn der Senat für einen
Feind der Götter und Menschen erkläcete, als
er seiner Grausamkeit wegen ermordet worden
war.

18) Helvius Pertinax wurde vom Senat
zum Kaiser ernennet: aber die Soldaten von
der Leib-Wache brachten ihn nach drey Monaten in seinem Pallaste um.

19) Septimius Severus, bestrafete die Ent-
leibung des Kaisers Pertinax gar scharf, und
regierete mit vielem Muthe und Verstande.   In

Syrien warf sich ein Pescennius Niger, und
in Britannien ein Clodius Albinus, zum Ge-
gen-Kaiser auf; er überwand sie aber beide.
Nach vielen großen Thaten, sonderlich im Oriente,
starb er zu Jork in Britannien.

20) Antoninus Caracalla solte, nach väterlicher Verordnung, mit seinem Bruder Geta, gemeinschaftlich regieren: es wärete aber nicht lange, so erstach er seinen Bruder in den Armen
seiner Mutter. Er wütete darauf noch etwa
sechs Jare lang; und wurde endlich, als er einen unnützen Krieg mit den Parthern angefangen hatte, vom Macrinus, einem Obersten der
Leibwache, erstochen.

21) Macrinus folgete ihm in der Regierung
auf eine kurze Zeit: die Soldaten aber rächeten
an ihm die Ermordung des Caracalla.

22) Varius Antoninus, mit dem Zunamen
Heliogabalus, von einem Syrischen Abgotte
dieses Namens, den er besonders vererete. Er
fürete die unanständigste Lebens-Art; und wurde nach wenigen Jaren nebst seiner Mutter von
den Soldaten umgebracht.

23) Alexander Severus, ein naher Verwandter des vorigen, aber von ganz andrer Gesin-
nung. Er liebete Gerechtigkeit, und Gelersam-
eit, und setzete das Kriegeswesen in guten
Stand. Der große Rechts-Gelerte Ulpianus war
sein Beistand in Rechts-Sachen. Kein obrig-
keitlich Amt durfte durch Geld erlanget werden,
weil

weil er glaubete, es stehe der hinwiederum feil,
der seine Macht gekaufet habe. Zu seiner Zeit
wurde das Parthische Reich von den Persern
erobert. Der neue Persische König Artaxerxes that darauf Einfälle in die römischen Lande,
und wolte alles das wieder haben, was vor alten
Zeiten in Asien zur Persischen Herrschaft gehöret hatte: aber er fand genugsamen Widerstand,
und Alexander gieng selber wieder ihn mit gutem
Erfolge zu Felde. Als dieser Krieg geendet
war, that Alexander einen Zug nach Deutschland: und da wurde er von einem treulosen General in seinem Zelte ermordet.

24) Maximinus, von Geburt ein Thracier,
der Mörder seines Vorfaren, erlangte zwar durch
Beistand eines Theiles der Armee den kaiserlichen Titel: aber der größeste Theil der römischen
Welt war ihm zu wider, und bald darauf wurde er, bey Belagerung der Stadt Aqvileja, die
ihre Thore vor ihm verschlossen hatte, von seinen
eigenen Leuten erschlagen. Er war ein Mann
von großer Leibes-Stärke.

25) Der Senat zu Rom hatte den Thracischen Maximinus, noch bey dessen Leben, für einen Reichs-Feind erkläret: und in Africa war
der dasige römische Statthalter, Gordianus,
ein ziemlich alter Herr, zum Kaiser ernennet
worden, der seinen Son, den iüngern Gordianus, zum Mit-Regenten annam. Als aber
dieser leztere, in einem Gefechte wider einige

D 5 Anhän

Anhänger des Maximinus, um das Leben ge=
kommen war; und darauf der Aeltere für Betrüb=
niß sich selbst entleibet hatte: so ernennete zwar
der Senat abermal zwey aus seinem Mittel,
Maximus und Balbinus, zu Kaisern: es
wurden aber auch diese von einigen aufrürischen
Soldaten bald erschlagen.

26) Gordianus der Dritte, ein Tochter=Son
des vorgedachten Aeltern Gordianus, wurde in
seinem dreizehenden Jare zum Kaiser ausgeru=
fen; und besaß diese Hoheit auch wirklich bis ins
siebende Jar, in welcher Zeit er einige glückliche
Krieges=Unternemungen ausfürete. Sein Nach=
folger aber machete eine Zusammenverschwörung
wider ihn, und brachte ihn ums Leben.

27) Philippus, mit dem Zunamen der Ara=
ber, weil er in Arabien geboren war, erlebete
die Feierlichkeit, daß er das tausende Jar der
Stadt Rom mit vielen prächtigen Schauspielen
begehen lassen konnte. Aber im fünften Jare
seiner Regierung wurde er, zur Rache daß er
seinen Vorfaren um das Leben gebracht, nebst
seinem Sone erschlagen.

28) Decius, ein Herr von großem Geiste,
und von großer Krieges=Erfarenheit. Er hatte
das Unglück, daß er, in einem Feld=Zuge wi=
der die Gothen, mit seinem Pferde in einen Mo=
rast geriethe; in welchem er umkam, ehe ihm
Hülfe geleistet werden konnte. Wider die Christen
hatte er sich als einen strengen Feind bewiesen.

29) Va=

29) Valerianus, nebst seinem Sone Gallienus, waren von gar verschiedener Gemüths-
Art. Der Vater war ein weiser und tugend-
hafter Herr. Als er aber wieder die Perser Krieg
füren muste, bekam ihn der Persische König Sa-
pores durch List gefangen; und der ließ diesen
guten, etliche Siebenzig Jare alten, Herrn lebendig schinden. Der Son regierete darauf
noch etwa Neun Jare lang, aber so nachläßig
und ungeschickt, daß das römische Reich äußer-
lich von unterschiedenen Barbarn, innerlich aber
von einigen dreißig Gegenkaisern, aufs äußerste
gebracht wurde. Man nennet diese Gegenkaiser
die dreißig Tyrannen, die hier und da in den
Provinzen sich aufwurfen: und unter diesen we-
rete sich die Zenobia, des Palmyrenischen Fürsten Odenatus Wittwe, wieder die auswärtigen Barbarn aufs tapferste und glücklichste.
Diese große Verwirrung dauerte einige Jare:
und Gallienus ward endlich von seinen eigenen
Leuten umgebracht.

30) Claudius der Zweite, war ein vortreffli-
cher Held, der dem Reiche viel würde geholfen
haben, wenn ihn die Pest nicht nach einer zweyjärigen Regierung weggeraffet hätte. Er hatte
indessen einen glücklichen Krieg mit den Gothen
gefüret, und einige hundert tausend Mann derselben in dem Thracischen erschlagen.

31) Aurelianus, war gleichfals ein vortreflicher Fürste, der endlich der Verwirrung im
Reich

Reiche ein Ende machete, und die obgedachte
Zenobia im Triumphe zu Rom auffürete. Er
war zur Schärfe geneigt; und ward im Sechsten
Jare seiner Regierung von Meuchelmördern umgebracht.

32) **Tacitus**, ein Nachkömmling des bekannten Geschichtschreibers: ein lobwürdiger
Herr. Er starb nach einer kurzen Regierung
für Alter.

33) **Aurelius Probus**, gleichfals von grossen Eigenschaften, und von löblicher Regierung.
In Deutschland besiegete er die Aufrürer, und
war im Begriff, nach Asien zu gehen; als er im
siebenden Jare seiner Regierung von einigen
Mißvergnügten ermordet wurde.

34) **Aurelius Carus**, nam seine zwey Söne,
Numerianus und **Carinus** zu Mit-Regenten
an, und war im Kriege wieder die Perser glücklich, daß er ganz Mesopotamien eroberte. Aber
nicht lange darauf wurde er durch einen Blitz-
Stral getödtet. Sein löblicher Son **Numerianus** wurde bald hernach von seinem Schwie-
ger-Vater Aper verrätherisch erstochen: und dem
zweiten Sone, gieng es von einem andern
Hauptmanne nicht anders.

35) **Diocletianus**, entdeckete es, daß Aper
ein Mörder seines Kaisers gewesen; und entlei-
bete ihn aus gerechtem Eifer: wofür er von der
Armee zum Kaiser ernennet wurde. Er nam
seinen getreuen Freund **Maximianus** zum Mit-

Kai-

Kaiſer an: und nach einigen Jaren erwelete Diocletianus den Galerius, und Maximia-nus den Conſtantius, zu ſeinem Schwieger-Sone und Mit-Regenten. Dieſe Regierung dauerte in großer Eintracht bis ins zwanzigſte Jar: da legeten Diocletianus und Maximia-nus ihre Regierung freiwillig nieder, und bega-ben ſich zur Ruhe. Der erſtere nam ſeinen Siß auf einem anmuthigen Schloſſe in Dalmatien, und lebete daſelbſt in einer angeſehenen Stille bis an ſein Ende: den andern gereuete nach einiger Zeit ſeine Entſchließung, und ward darüber er-droſſelt.

30) **Conſtantius**, mit dem Zunamen **Chlo-rus**, nebſt ſeinem Mit-Kaiſer **Galerius**, waren die beiden leztern in der Periode der **heidniſchen** Kaiſer. Der erſtere hatte ſeine Reſidenz in Bri-tannien, und ſtarb daſelbſt im dritten Jare ſeiner Regierung nach Abdankung des Diocletians und Maximians. Galerius lebete in Italien noch einige Jare länger, und ſtarb an einer ſchmerz-haften Krankheit.

86. Wie war die politiſche Verfaſſung des Römiſchen Reiches in dieſer Periode?

Nach dem Siege bey Actium wurde dem **Octa-vius**, mit dem majeſtätiſchen Beinamen **Au-guſtus**, die höchſte Regierung des römiſchen Rei-ches, vom Senate und Volke zu Rom, aufge-tragen. Er nam dieſelbe vorerſt auf zehen Jare an, behielte ſie aber nachher, mit gutem

Willen

Willen der Römer, auf Lebenslang. Er ließ
dem Senate, wie es schien, alle seine Vorrechte;
es blieben auch die Consuln, und andre Regie-
rungs-Personen, in ihrer Würde, so wie sie solche
zur Zeit des freien Staates besessen hatten: weil
sie sich aber doch alle nach dem Willen des Augustus, und der Nachfolger desselben, richten musten; so waren es nur lauter Würden dem Namen nach. Die höchste Gewalt war in den
Händen der Kaiser. Diese hatten auch alleine
den Befel über die Krieges-Macht. Die
Provinzen wurden zwar so getheilet, daß der
Kaiser für dieselben sorgete, die einer Gefar von
Feinden, oder von andern Unruhen, unterworfen waren, und wo beständig eine Art von Armee unterhalten werden muste; für die andern
sorgete der Senat, und schickete seine Statthalter dahin: aber dennoch geschahe nichts anders,
als was der Kaiser wolte. Eben so war es mit
der Erwelung der Personen zu allen übrigen
Würden beschaffen, daß es alles eigentlich auf
den Kaiser ankam. Es hatte derselbe auch, auf-
ser den andern Krieges-Heeren, eine eigene Leib-
wache in Rom, von etwa zehen tausend Mann,
unter dem Namen der Prätorianer, die einen
stärkern Sold als alle andre Krieges-Leute bekamen, und ihr Befelshaber hieß der Praefe-
ctus Praetorio. Diese Leibwache maßete sich endlich die Macht an, Kaiser ab und einzusetzen, ie
nachdem sie ihren Vortheil dabey sahe. Diesem
bösen Exempel ameten oft andre Krieges-Heere

in

in den auswärtigen Provinzen nach, daß sie
ihre Heerfürer zu Kaisern aufwurfen.

87. Wie stund es um die Religion?

Die Boten Christi hatten die chriftliche Lere
überall ausgebreitet, und aus Juden und Heiden hatten viele dieselbe angenommen. Aber
erstlich die Juden, die von Christo nichts wissen
wolten, sahen diese Ausbreitung mit gehäßigen
Augen an, und suchten sie zu hindern: zweitens die Römischen Kaiser geriethen auf den Arg-
won, als ob der Anwachs der christlichen Religion gefärlich seyn könne; zumal da es oft Leute
gab, die viele Verleumdungen von den Christen
und deren Versammlungen ausstreueten. Das
her entstunden Religions-Verfolgungen, die zu
unterschiedenen Zeiten überaus blutig waren.
Man nennet einen Märtyrer einen Christen, der
wegen des Zeugnisses, daß er Christum und dessen Lere für göttlich erkenne, sich gerne tödten
lassen: und solcher Märtyrer gab es damals eine
große Menge. Aber bey alle dem wuchs doch
die Anzal der Christen täglich: ob es gleich auch
manchen gab, der, aus Furcht vor der Verfolgung, von dem Bekenntnisse der Lere Christi wieder abtrat. Die Jüdische Religions-Forme
verlor ihren Glanz, als im Jar Christi 70 der
Tempel zerstöret war: denn da hörete alles opfern,
und alle priesterliche Würde, völlig auf; und
die Juden behielten nichts als ihre Beschneidung, ihren Sabbat, und einige andre Cärimonien, übrig. Im dritten Jarhunderte nach

Chri-

Chrifti Geburt wurde ihnen erlaubet, eine Art
von Fürften, den sie nachher einen Patriarchen
nenneten, über sich zu haben, der zu Tiberias
im Jüdischen Lande seinen Sitz hatte: ia, nach
diesem Exempel, hatten auch die Juden im Babylonischen, gleichfals einen solchen Patriarchen. Es dauerte aber diese Herrlichkeit nicht
gar lange. Im übrigen war das Heidenthum
die herrschende Religion.

**88. Und wie war es mit der Gelersamkeit
beschaffen?**

In den Ersten beiden Jarhunderten von der
Zeit des Augustus an, stunde die Gelersamkeit
im römischen Reiche in großem Flore; und die
römische Sprache erstieg den größesten Grad ihrer Schönheit. Ein Cicero, Sallustius, Livius,
ein Virgilius, Horatius, Ovidius, nebst vielen
andern, sind bekannte Namen. Aber von der
Zeit des dritten Jarhundertes an, kam die lateinische Reinigkeit wieder in Abname. Man
pfleget die lateinischen Schriftsteller in viererley
Alter einzutheilen: in das güldene kurz vor und
zu der Zeit des Kaisers August, da man sich
einer maiestätischen Einfalt im Vortrage befließ:
in das silberne, da man das gekünstelte und
scharffinnige liebete, und dahin man einen Se-
neka, Plinius, Tacitus, Martial, Juvenal,
Lucan, und andre rechnet; und dieses Alter war
im zweiten Jarhunderte. Darauf folgete das
eherne, und das eiserne Alter, wo die Vor-
trags-Art immer dunkeler und unzierlicher wurde;

bis

bis endlich die römische Sprache gar aufhörete,
eine lebende Sprache zu seyn. Bey den Griechen that sich in diesen Perioden ein Strabo,
Plutarch, Dio, nebst vielen andern hervor, deren Schriften wir noch größesten oder großen
Theiles übrig haben. Und aus dem Jüdischen
Volke sind ein Philo, ein Joseph, ein Onkelos,
nebst einigen andern, bekannt.

89. Wie befande sich nun die römische Monarchie
     unter den Christlichen Kaisern?

Man kan hier drey Perioden sich vorstellen.
Die Erste begreifet die Zeit, da nur Ein Monarche die römische Herrschaft in Händen gehabt: die Zweite gehet von der Theilung des römischen Reiches an, bis auf den gänzlichen Verfall des Reiches im Occidente: die Dritte fasset
die Zeit, von dem iezigedachten Verfalle an, bis
auf die Eroberung der Stadt Constantinopel,
und den gänzlichen Untergang des christlichen Römischen Reiches.

90. Welche Christliche Monarchen haben vor der
     Theilung des Reiches geherrschet?

1) Constantinus, mit dem Zunamen der
Große, ein Son des obgedachten Kaisers Con-
stantius Chlorus; und seine Mutter hieß Helena. Er kam zur Regierung im Jar Christi
306, und im Anfange gieng es ihm gar unruhig. Er muste mit drey Gegen-Kaisern fechten,
die aber auch unter sich uneins waren. Den
Einen, Maxencius, überwand er im Jar 311,

den Zweiten, Maximinus, im Jar 313. Mit
dem Dritten, Licinius, machte er Friede, und
gab ihm seine Schwester zur Gemalin: nachher
aber entstund eine neue Uneinigkeit, und Licinius kam endlich, nach langem Widerstande,
im Jare 324 um das Leben. Constantinus erlaubete nicht nur den Christen die freie Religions-Uebung, sondern er bekennete sich auch
selber zu dieser Religion, die überall im römischen Reiche sich schon ausgebreitet hatte. Er
ließ das Erste allgemeine Concilium, das ist,
eine Versammlung von christlichen Bischöfen und
andern vornemen Geistlichen, zu Nicea halten,
in welchem Concilio die Gottheit Christi, wider
die Arianer, die diese Gottheit leugneten, und
großen Anhang hatten, feste gesetzet wurde. Der
heilige Athanasius that sich dabey besonders hervor. Gleichfals verlegete Constantinus seinen
kaiserlichen Sitz in die von ihm neu erbauete
Stadt Constantinopel, und wuste die vornemsten römischen Familien dahin zu ziehen. Er
starb im Jare 337.

2) Drey Söne dieses Constantinus, Con-
stantius, Constantinus der Zweite, und Constans, solten nach väterlicher Verordnung das
Reich gemeinschaftlich regieren. Aber Constantinus der Zweite erregete, nach einer dreiäri-
gen Regierung, die erste Unruhe; und ward von
seinem Bruder Constans gleich darauf bey Aqvileja erschlagen. Zehen Jare nachher wurde
Con-

Conſtans von einem Aufrürer um das Leben ge⸗
bracht. Alſo kam alles wieder an den Conſtan⸗
tius, der es bis ins fünf und zwanzigſte Jar be⸗
ſaß. Weil er den Arianern zugethan war, ſo
hatten es die Athanaſianer zu ſeiner Zeit gar
ſchlimm. Er ſturb im Jar 361.

3) Julianus, ein gelerter und tapferer Herr,
ein Vater⸗Bruders Son des vorhergehenden
Conſtantius, von dem er zum Nachfolger er⸗
nennet worden. Er war kein Freund der Chri⸗
ſten, ob er gleich in deren Religion erzogen wor⸗
den war; wozu die damaligen Streitigkeiten
unter ihnen, ihm den größeſten Anlaß gaben.
Doch verfolgete er niemanden. Er muſte wi⸗
der die Perſer Krieg füren: und da bekam er
in einem Gefechte einen tödtlichen Schuß, nach⸗
dem er zwey Jare regieret hatte. Es iſt darän ge⸗
zweifelt worden, ob der Schuß von Feindes Hän⸗
den hergekommen ſey, oder ob Verrätherey dabey
gewaltet habe.

4) Jovianus, wurde von der Armee zum
Kaiſer ernennet: machete aber mit den Perſern
einen ſchimpflichen Frieden. Er ſtarb im achten
Monat ſeiner Regierung.

5) Valentinianus, wurde gleichfals von der
Armee ſo hoch erhoben, und näm ſeinen Bruder
Valens zum Mit⸗Regenten an. Valentinia⸗
nus war ein Beſchützer der Arianer, und im
übrigen ein löblicher Herr. Mit den Deutſchen
und Sarmatiern muſte er faſt beſtändig Kriege

E 2 füren

füren: bis er im zwölften Jare seiner Regierung
in Pannonien starb. Valens überlebete ihn ein
paar Jare, und war gleichfals eifrig Arianisch.
Er hatte mit den Gothen zu fechten: und als
er in einem Bauerhause sein Quartier genommen, gerieth das Haus bey einem nächtlichen
Ueberfalle in Brand, und der Kaiser muste er-
sticken.

6) **Gratianus**, und **Valentinianus** der
Zweite, Söne des vorhergehenden Kaisers Va-
lentinian, traten ihre Regierung im Jare 375
an. Gratianus wurde acht Jare nachher in
Gallien von einem Rebellen erschlagen; und war
im übrigen ein so zuverläßiger Schütze, daß man
sagete, seine Pfeile hätten Verstand. Valentinianus der Zweite, kam im Sechzehnden Jare
seiner Regierung, auf eben solche Art in Gallien,
um das Leben.

7) **Theodosius**, mit dem Zunamen der Grosse, war von den beiden vorhergehenden Kaisern,
schon im Jare 379, seiner großen Eigenschaften
wegen, zum Mit-Kaiser aufgenommen worden:
und nach dem Tode Valentinians des Zweiten
regierete er noch drey Jare alleine. Er starb,
nach einer löblichen Regierung, im Jar 395;
und hinterließ das Reich seinen beiden, noch
ziemlich iungen, Sönen, **Arcadius** und **Honorius**: und das römische Reich wurde von da an
in das **Orientalische** und **Occidentalische**
getheilet.

91. Wie

91. Wie stund es um die politische Verfassung
in dieser Periode?

Kaiser Constantinus Magnus hatte dem Reiche darinn gar übel gerathen, daß er seine Residenz von Rom weg, nach dem Oriente hin verleget, und die Abendländischen Lande gar zu
merklich von Krieges = Mannschaft entblößet,
hatte. Und ob zwar in dieser Periode die barbarischen Völker dem römischen Reiche noch keine
Provinz entrissen; so geschahen doch beständige An-
fälle, wieder welche die Römer sich mit genauer
Noth vertheidigen konnten.

92. Und wie stund es um die Religion?

Die christliche Religion war, von der Zeit
Constantin des Großen an, die herrschende geworden, und konnte von den Heiden nicht ferner
verfolget werden. Dagegen aber entstunden
nun unter den Christen, theils allerley glänzende
geistliche Würden, theils allerley Spaltun-
gen wegen der Lere. Vorher hatte die christliche Kirche ihre Bischöfe, Aeltesten, und Dia-
conen gehabt, die sich noch so ziemlich aller De-
muth und Ordnung beflissen hatten: nun kamen
Erzbischöfe, Patriarchen, Primate, Archidia-
coni, und dergleichen, nach und nach zum Vorschein. Die Ketzer in dieser Periode waren fürnemlich, die Arianer, die diesen Namen von
ihrem Vorgänger Arius füreten, und welche die
gleiche wesentliche Gottheit Christi leugneten:
und die Macedonianer, die von der Gottheit
des heiligen Geistes nichts wissen wolten. Wie-

E 3   der

der die Arianer ward, in dem Concilio zu Ni=
cea, im Jar 325, die Gottheit Christi behauptet:
und darauf hatten bald die Arianer, bald die
Orthodoxen, die Oberhand; dabey es an schwe=
ren Verfolgungen wieder einander nicht man=
gelte. Die Macedonianer wurden in dem Con=
cilio zu Constantinopel, im Jare 381, verwor=
fen, und die Gottheit des heiligen Geistes, als
der dritten Person in dem göttlichen Wesen, wurde
feste gesetzet.

93. Wie sahe es um die Gelersamkeit aus?

In der christlichen Kirche hatten vorher
schon ein Clemens Alexandrinus, ein Orige=
nes, ein Cyprian, ein Minucius Felix, und
einige andre, zum Theil gar viel geschrieben:
und in dieser Periode thaten sich sonderlich ein
Athanasius, Arnobius, Eusebius, Cyrillus,
Gregorius Nazianzenus, Hieronymus, Au=
gustinus, hervor. Um die Ebräische Sprache
hatten sich bisher die christlichen Lerer wenig be=
kümmert: Hieronymus aber legete sich besonders
mit auf dieselbe, und lieferte die lateinische Ue=
bersetzung der ganzen Bibel, die insgemein die
Vulgata genennet wird. Bey den Heiden blü=
heten um diese Zeit, ein Libanius, Euna=
pius, Jamblichus, Ammianus, Macrobius,
und einige andre. Die Secten der heidnischen
Philosophen aber giengen nach und nach ein.
Was die Juden betrift, so sorgeten die nun in=
sonderheit für ihre Traditionen und Gebräuche,
daß sie nicht in Vergessenheit kommen möchten:
und

und daraus entstunden die Talmudischen Schriften. Nemlich, ausser den Schriften Mosis, gaben die Juden vor, noch ein mündlich Gesetz
zu haben, welches von den Zeiten Mosis her-
stamme, und vom Esra bestätiget sey. Zu diesem
mündlichen Gesetze hatten viele Rabbinen immer
noch neues hinzugethan: und die Menge dieser
Traditionen war so groß, daß sie dem Gedächtnisse und der mündlichen Fortpflanzung nicht
ferner anvertrauet werden konnte. Es machten sich daher einige Rabbinen, theils zu Babylon, theils zu Tiberias, an diese Arbeit, und
sammleten alle mündliche Traditionen, die eben
so hoch als das geschriebene Gesetz Mosis geachtet worden. Daraus entstunden die zweierley
Sammlungen, die der Babylonische, und der
Hierosolymitanische Talmud genennet werden.
Der Text davon heisset die Mischnah, die Er-
läuterungen aber die Gemara: beide zusammen
machen ein Werk von vielen Folianten aus: welches nun die Juden von Jugend auf studiren,
und sich dadurch in ihrem Aberglauben befestigen,
müssen.

94. Wie ist nun das Römische Reich getheilet
worden?

Die beiden Söne des Kaisers Theodosius theileten, nach väterlicher Verordnung, sich so, daß
der eine, Arcadius, den Orient, der andre,
Honorius, den Occident, zu regieren bekam.

95. Was für Lande gehöreten zum Occident?

Ganz Italien, Spanien und Portugall, Gallien, Britannien, Deutschland, Jllyrien, Dalmatien, die Africanische Küste gegen Abendwärts.

96. Und was für Lande gehöreten zum Oriente?

Das ganze vördre Asien bis an den Euphrat, Syrien, Aegypten, Libyen, Griechenland, und die über Griechenland um die Donau liegende Lande

97. Wie heissen die Römischen Kaiser im Occidente?

1) Honorius. Zu dessen Zeit thaten allerley auswärtige Völker Einfälle in das Abendländische Römische Reich. Einige deutsche Völker, die Alanen, Vandalen, Sveven, giengen durch Gallien, welches sie ziemlich wüste macheten, nach Spanien, und setzeten sich um das Jar 409 darinnen feste. Die Gothen aber giengen nach Italien, und eroberten Rom unter ihrem Könige Alarich zu zweien malen. Das erste mal geschahe es durch List, und da geschahe niemandem sonderlich Leides: das zweite mal, im Jar 410, bemächtigte er sich dieser Stadt mit Gewalt, und da wurde recht feindlich geplündert. Alarich sturbe bald darauf: und mit dem Nachfolger desselben, Adolph, verglich sich Honorius, daß die Gothen im Jar 411 aus Italien giengen, und sich theils auf den mittägigen Küsten Galliens, theils in Spanien, niederliessen. Nach einer so unglücklichen Regierung starb Honorius

rorius im Jar 423. In seinen erstern Jaren
hatte ihm der bekannte Stiliko große und tapfere Dienste gethan: der aber zulezt mit Verrätherey umgegangen, und darüber, auf Befel des
Kaisers, im Lager erwürget worden, war. Honorius hat 28 Jare regieret.

2) Valentinianus der Dritte, ein Schwester-Son des vorhergehenden, erlebete noch är-
geres Unglück. Die Vandalen giengen, unter ihrem Könige Genserich, aus Spanien nach der
Römischen Provinz Africa, und richteten da ein
Königreich auf: die Franken giengen nach Gallien, die Angel-Sachsen nach Britannien: und
in Spanien stifteten die Gothen gleichfals ein ordentlich Königreich. Auch die Burgunder, ein
Volk, das um die Ost-See gewonet hatte, waren
nach Gallien gegangen, und hatten sich in den
Gegenden, die noch ietzo Burgundien heissen,
unter einem Könige feste gesetzet Endlich kamen die Hunnen, deren König Attila hieß, aus
den Ungarischen Landen, in ungeheurer Menge
hervor. Diese giengen erstlich durch Deutschland
nach Gallien: wurden aber daselbst, von dem römischen Statthalter Aetius, der das, was den
Römern in Gallien noch übrig war, beherr-
schete, mit Beihülfe des Fränkischen Königes
Merováus, des Gothischen, Theodoricus, des
Burgundischen, Gotthard, in den Catalauni-
schen Gefilden, im Jar 451, geschlagen und
zurücke getrieben. Darauf gieng Attila nach

E 5   Ita-

Italien, und zerſtörete Aqvileja: um welche Zeit
ſich viele Einwoner des obern Italiens auf die
kleinen Inſeln flüchteten, aus denen nachher die
Stadt Venedig entſtunde: er ſturb aber bald
darauf, im Jar 453. Der tapfere Aetius wurde
beym Kaiſer verleumdet: und der erſtach ihn zu
Rom mit eigener Hand: bald darauf aber wurde
auch der Kaiſer meuchelmörderiſch entleibet. Er
hatte ins dreißigſte Jar regieret. Unterdeſſen waren nun die fünf Provinzen des römiſchen Reiches, Spanien, Britannien, Gallien, Africa,
und Illyrien, völlig verloren worden.

3) Maximus, ein geweſener römiſcher Con-
ſul, heirathete die Wittwe des vorigen Kaiſers
Eudoxia. Als die aber Nachricht bekam, daß
eben dieſer Maximus Schuld an der Ermordung
ihres vorigen Gemales geweſen: rief ſie den
Vandaliſchen König Genſerich aus Africa zu
Hülfe. Der wurde zwar mit dem Maximus
bald fertig, ließ aber bey der Gelegenheit Rom
völlig ausplündern, und gieng mit großen Schä-
tzen nach Afrika zurücke.

4) Avitus, regierete einige Monate.

5) Majoranus, wurde zwar vom Orientaliſchen Kaiſer Leo I. unterſtützet: aber nach einer
vierjärigen unruhigen Regierung erſchlug ihn ſein
untreuer General Ricimer.

6) Severus, regierete Vier Jare, und ſturb.

7) Anthemius, wurde gleichfals vom obgedachten Kaiſer Leo beſtens unterſtützet; aber nach
einer

einer Regierung etwas über Fünf Jare, brachte ihn eben der Ricimer um das Leben.

8) **Olybrius,** sturb im dritten Monate, und war im übrigen ein Hofnungs-voller Herr.

9) **Glycerius** wurde, nach einer zweyjärigen Regierung, von seinem Nachfolger genöthiget, ins Kloster zu gehen.

10) **Julius Nepos** besas die kaiserliche Würde etwa Ein Jar, da vertrieb ihn ein aufrürischer General **Orestes.**

11) **Romulus Momyllus,** wegen seiner kleinen Statur **Augustulus** zubenamet, war des iezgedachten Orestes Son. Einige mißvergnügte Römer aber riefen die Heruler, eine deutsche Nation, unter deren Könige **Odoacer,** nach Italien: von denen wurde Orestes erschlagen, und Momyllus vertrieben. Und nachher, vom Jare 476 an, verlosch der kaiserliche Name im Occidente.

98. Wie heissen die Kaiser im Oriente nach der Theilung bis auf den Untergang des römischen Reiches im Occidente?

Arkadius, regierete dreyzehen Jare. **Theodosius** II, regierete 42 Jare. **Marcianus,** regierete Sieben Jare. **Leo** I, mit dem Zunamen Thrax, regierete bis ins achtzehende Jar. **Leo** II, ein Tochter-Son des vorigen, und noch unmündig: wurde von seinem leiblichen Vater, der sein Vormund seyn solte, vergiftet. **Zeno,**

mit

mit dem Zunamen Isauricus, hatte Kaisers
Leo des Ersten Tochter, Ariadne, zur Gemalin,
und tödtete seinen kleinen Son, der des Kaisers
Nachfolger seyn solte. Er wurde, nach einer
zweiärigen Regierung, nebst seiner Gemalin,
von einem Anverwandten des kaiserlichen Hau:
fes, Basiliscus, verjaget. Aber anderthalb
Jare drauf kam er wieder auf den Thron, den
er noch Vierzehen Jare bis an seinen Tod besaß.
Er wurde endlich, da er ganz betrunken war,
lebendig begraben: und so muste er sterben, im
Jar 491.

99. Wie war also der Zustand des getheileten Reiches beschaffen?

Der Orientalische Theil, dessen Residenz
Constantinopel war, erhielte sich noch viele Jarhunderte hindurch, ob er gleich an die Größe
und Ansehnlichkeit des alten Romes nie gelan-
gete. Aber mit dem Occidentalischen Theile
war es, wie wir gesehen haben, in wenigen Jaren völlig gethan. Die Ursache dieses baldigen
Verfalles ist größestentheiles bey den Regenten zu
suchen. Constantin der Große entblößete den
Occident, seit dem er seine Residenz von Rom
weg verleget gehabt. Die Abendländischen Provinzen des Reiches hatten die streitbaresten Nachbaren, die nun durch den langen Umgang mit
den Römern die Krieges-Kunst gelernet, an Zal
und Leibes-Kräften aber den Römern allezeit
überlegen gewesen. Also hätte die Sorge der
Regenten fürnemlich dahin gerichtet seyn sollen,
wie

wie diesen Nachbaren gnugsamer Widerstand gethan werden könne. Nachdem diese aber ein
und andern Versuch gethan, wie weit die Kräfte
des Reiches reicheten; und ihnen ein solcher Versuch ein paarmal gelungen war: so fielen die Mit-
ternächtigen Völkerschaften, die ihren kalten und
unfruchtbaren Himmel gerne mit den schönen Mittägigen Gegenden verwechseln wolten, mit solcher Gewalt und Menge die römischen Provinzien an, daß sie ihren Zweck endlich völlig erhiel-
ten. Aus den Stücken des verfallenen Occidentalischen römischen Reiches entstunden die neuen
Königreiche, der West-Gothen in Spanien, der
Franken in Gallien, der Vandalen in Afrika, der
Angel-Sachsen in Britannien, der Ost-Gothen
in Italien; und mit der Zeit noch einige andre,
von denen wir reden wollen, wenn wir mit den
Geschichten der Vierten Monarchie ganz zu Ende
seyn werden.

100. Wie stund es um die Religion in dieser Periode?

Fast alle die Völker, die das Occidentalische
Reich anfielen, waren zwar Christen, hatten aber
die Arianische Lere, und liebeten die Orthodoxen Christen nicht. Unter die vornemsten Ketzer
rechnet man die Pelagianer, von ihrem Urheber Pelagius, der die Erb-Sünde leugnete:
imgleichen die Nestorianer, vom Nestorius,
der die persönliche Vereinigung der beiden Na-
turen in Christo bestritte: und die Eutychianer,
vom Eutyches, der nur Eine Natur in Christo,
nem-

nemlich die göttliche, zugeben wolte. Auf dem
Concilio zu Ephesus, im Jahr 431, wurde Nestorius: und auf dem zu Chalcedon, im Jar
451, wurde Eutyches, verworfen.

101. Wie war der Zustand der Gelersamkeit,
und der Künste?

Um die Zeit des Unterganges des Occidentalischen Reiches, fieng eine große Barbarey und
Unwissenheit an, in den Abendländischen Landen
einzureißen. Die Einfälle der barbarischen Völker macheten, daß die Schulen verstöret, und
die Bücher-Sammlungen häufig verbrennet,
wurden. Gelerte Leute fiengen also an, seltsam
zu werden. Aber die christlichen Geistlichen verursacheten nicht weniger Uebel in Ansehung der
Gelersamkeit. Waren sie ehemals von den heidnischen Philosophen gedrücket worden; so geriethen sie nun auf den Einfall, die Schriften der
Alten, so viel nur immer möglich war, zu ver-
brennen oder zu verbieten. Man erzelete eine
Fabel vom Hieronymus, wie er im Traume von
Geistern sey geqvälet worden, weil er die Schriften des Cicero fleißig gelesen habe. Die Jugend wurde also gewarnet, sich um solche heid-
nische Bücher nicht zu bekümmern. Gleichwol
gab es in dieser Periode noch einige Gelerte.
Unter den Christen macheten sich ein Sulpitius
Severus, ein Cyrillus Alexandrinus, ein
Sozomenus und Socrates, ein Theodoretus,
ein Isidorus, und dergleichen, bekannt: Unter
den noch nicht ganz vertilgeten Heiden that sich
ein

ein Zoſimus, ein Olympiodorus, mit Schriften hervor.

102. Was für Kaiser haben im Oriente, nach dem
Verfalle des Occidentaliſchen Reiches,
geherrſchet?

Dieſe Periode fänget vom Jahre 476 an, und
gehet bis auf das Jar 1453, da Conſtantinopel
von den Türken erobert wurde. In dieſer
ziemlich langen Zeit ſind folgende Kaiſer zu bemerken.

Anaſtaſius der Erſte, machete A. 493 mit
dem Gothiſchen Könige Theodoricus (Dietrich)
einen Frieden, und erkannte ihn für einen rechtmäßigen König von Italien.

Juſtinus mit dem Zunamen Thrax, war
von geringer Herkunft, aber ein kluger Herr.
Er ernennete ſeiner Schweſter Son Juſtinian
zu ſeinem Nachfolger.

Juſtinianus der Erſte, der mächtigſte und
berümteſte unter allen Orientaliſchen Kaiſern;
der die Provinz Africa wieder an ſich gebracht,
nachdem er das Vandaliſche Königreich daſelbſt,
durch ſeinen General Beliſarius, umſtürzen laſſen: und der gleichfals dem Oſt-Gothiſchen Königreiche in Italien, theils durch eben den Beliſarius, theils durch den Narſes, ein Ende machen laſſen, und dieſes Hauptland wieder mit
dem römiſchen Reiche vereiniget hat. Seine
Veranſtaltung des Corporis Juris hat bis dieſen
Tag ihren großen Nutzen. Er regierete ins 39te
Jar, und wurde 84 Jare alt.

Juſt

Juſtinus der Zweite, verlor in ſeiner ſchläf=
rigen vierzehenjärigen Regierung das obere Theil
von Italien, welches die Longobarden in Be=
ſiß namen. In dem Ueberreſte des mitlern
und untern Italiens ſtiftete, er das Exarchat,
das 185 Jare geſtanden hat: davon weiter un=
ten. Er war des vorigen Kaiſers Schweſter=
Son.

Mauritius, wurde, nach einer zwanzigiäri=
gen Regierung, von ſeinem Nachfolger, Pho=
cas, mit ſeiner ganzen Familie ermordet.

Phocas, ein gräßlicher Tyrann, der ſich aber
um den römiſchen Biſchof dadurch höchſt ver=
dient machete, daß er ihn für den allgemeinen
Biſchof, und für das geiſtliche Haupt der gan=
zen chriſtlichen Kirche, erklärete. Das geſchahe
im Jar 606.

Heraclius, erlebete es in ſeiner Ein und dreiſ=
ſig iärigen Regierung, daß Muhammed in Ara=
bien ſeine neue Religion ſtiftete, und auch ſo gleich
durch die Waffen auszubreiten anfienge.

Leo der Dritte, mit dem Zunamen Iſau=
ricus, wiederſeßete ſich der Anbetung der Bil=
der, die damals eingeführet werden wolte, aus
allen Kräften; da hingegen der allgemeine Bi=
ſchof zu Rom, dieſe Anbetung für rechtgläubig
erklärete.

Irene, als Vormünderin für ihren Son Con=
ſtantinus den Sechſten, ließ, auf dem zweiten
Concilio zu Nicea, den Bilderdienſt, als recht=
gläubig, feſte ſeßen: von welcher Zeit an, dieſe
Anbe=

Anbetung auch in der Griechischen Kirche beobachtet worden ist.

Nicephorus, erkannte Carl den Großen
für einen rechtmäßigen Kaiser im Occidente.

Alexius der Erste, aus dem Comnenischen
Hause. Zu dessen Zeit, anno 1096, namen die
Kreuz-Züge der Christen aus dem Occidente, wie-
der die Saracenen im Oriente, ihren Anfang.

Constantinus der Eilfte, war der lezte christliche Kaiser: denn zu seiner Zeit, nachdem er
fünf Jare regieret hatte, ward Constantinopel,
nebst dem ganzen Orientalischen römischen Kai-
serthume, von den Türken, im Jar 1453,
erobert

103. Wie war der politische Zustand in dieser großen
Periode beschaffen?

Das Orientalische Kaiserthum hub zwar einige mal, sonderlich zur Zeit Kaiser Justinian
des Ersten, das Haupt empor, aber die meisten
seiner N lger waren schlechte Fürsten, die
viel von Pracht und Gemächlichkeit, wenig aber
von Regierungs-Geschäften, hielten. Darüber
wurden sie, in Europa von den Bulgarn, und
in Asien noch ärger von den Saracenen, gedränget: bis endlich alles verloren gieng. Die
Saracenen stammeten aus Arabien, waren Anhänger des Muhammed, und glaubeten, der
ganze Erdkreis wäre für sie; daher sie auch ein
Land nach dem andern mit solcher Wuth anfielen,
daß ihnen nichts wiederstehen konnte. Es ge-

v.Holb.Welt-Hist.   F   schaßen

·ſchaḩen aus dem Occidente verſchiedene Krie=
ges=Züge wieder dieſe Saracenen: aber die Con=
ſtantinopolitaniſchen Staats-Leute ſaḩen das nicht
einmal gerne. Auf einem ſolchen Zuge eroberte
Balduin, ein Grafe in Flandern (der die lateiniſche Armee (denn die Chriſten aus dem Oc=
cidente hieſſen die Lateïner, im Gegenſaße der
Griechen) unter ſeinem Befele hatte, Conſtan=
tinopel; und machete ſich zum Kaiſer: worauf
das lateiniſche Regiment vom Jar 1204 bis
1261 zu Conſtantinopel gedauert hat. Unterdeſ=
ſen ſtifteten die Griechen eine neue kaiſerliche
Reſidenz zu Nicea, im Jar 1204, daß alſo im=
mer zwey Orientaliſche Kaiſer regiereten; welche
Trennung faſt 60 Jare gewäret hat. Wie ge=
ſchwächet dadurch die Kräfte dieſes Reiches wor=
den, iſt leicht zu ermeſſen. Ja es entſtunde
auch zu Trebiſonde in Aſien (Trapezus) ein
neues Fürſtenthum, deſſen Fürſten ſich endlich,
vom Jar 1264 an, Kaiſer nenneten: und bis
anno 1461 beſtunde dieſes Trapezuntiſche Grie=
chiſche Kaiſerthum, da es von den Türken, nach
Eroberung Conſtantinopels, leicht über den Hau=
fen geworfen wurde.

Die Nation der Türken kam aus der großen
Tartarey, etwa im Jar 730, zum Vorſchein,
und bemächtigte ſich einiger Aſiatiſchen römiſchen
Lande. Etwa dreißig Jare darauf, namen ſie
den Muḩammediſchen Glauben an, und verei=
nigten ſich auf das genaueſte mit den Sarace=

nen,

nen, dergestalt daß der Name der leztern endlich
ganz verschwunde.

Saracenen aber nenneten sich anfangs in
Arabien alle Anhänger des Muhammed. Dieser Muhammed war ein Arabischer Kaufmann:
und nachdem er großen Reichthum erlanget hatte,
schmiedete er eine neue Religions-Forme, deren
Grund-Buch der Koran genennet wird. Er
war geboren anno 570, und starb im Jare 631,
und wurde zu Medina prächtig beygesetzet. Aus
Mecca hatte er im Jahr 622, wegen eines Auf-
rures, nach Medina fliehen müssen: und von dieser Flucht, die Türkisch die Hegira heisset, zelen
die Türken ihre Jar-Rechnung.

Nach Vereinigung der Saracenen und Türken,
war in der erst nur Ein Oberhaupt, der den Titel eines Kaliphen fürete: nachher entstunden
viele unabhängige Kaliphen: und endlich stifteten die Türken die Regierung, die die Otto-
mannische Pforte genennet wird. Und in der
Zeit breitete sich das Muhammedische Wesen in
Asia, Africa und Europa, weit aus: bis zulezt
das Griechische Kaiserthum ganz von den Türken
erobert wurde.

Im Occidente waren in dieser langen Periode
mancherley Veränderungen. Die Heruler hatten sich, wie oben gedacht, in Italien feste gesetzet,
und ihr Fürst Odoacer hatte seine Residenz zu
Ravenna genommen. Aber diese Heruler wurden bald darauf von den Ost-Gothen unter den

Fuß gebracht. Es kamen diese **Oſt-Gothen** im Jar 490 in Jtalien an, eroberten in kurzer Zeit das ganze Land, und **Theodoricus**, ihr König, nam ſeinen Siß zu **Verona**, unter dem Titel eines **Königes** von **Jtalien**. Dieſes Gothiſche Königreich beſtunde bis in das Jar 553 nach Chriſti Geburt: da es der Orientaliſche Kaiſer **Juſtinian** zerſtören, und Jtalien wieder zu einer römiſchen Provinz machen, ließ. Wenige Zeit darauf, um das Jar 570, kamen die **Longobarden** nach Jtalien. und namen es in Beſiß. Ihr Heerfürer **Alboin** wurde König von Jtalien, und reſidirte zu **Pavia**: und dieſes Longobardiſche Königreich beſtunde bis in das Jar 774, da der Fränkiſche König **Carl** der **Große**, den lezten Longobardiſchen König **Deſiderius** zu einem Kloſter-Bruder in Frankreich machete. Den Theil von Jtalien, den die Longobarden noch nicht inne hatten, ließ der Griechiſche Kaiſer durch einen Statthalter, der den Titel eines **Exarchen** fürete, regieren. Dieſe Exarchen hatten ihren Siß zu **Ravenna**, bis endlich im Jare 752 der Longobardiſche König **Aeſtolph** dem Exarchate ein Ende machete, und Ravenna mit den dazu gehörenden Landen eroberte. Nachdem aber der Fränkiſche König die Longobardiſche Herrſchaft in Jtalien vernichtet hatte, und **Carl** der **Große** ein König von Jtalien hieſſe: ſo ward dieſer **Carl**, im Jar 800 nach Chr. Geb. in Rom zum römiſchen Kaiſer ausgerufen.

Indeſ-

Indeſſen hatten ſich, zur Zeit der Longobarden
ſchon, in dem unterſten Italien die Saracenen
eingeniſtelt; die auch, nebſt den Griechen, noch
lange darinn geherrſchet haben. Als aber Carl
römiſcher Kaiſer war, räumete er dem römiſchen
allgemeinen Biſchofe die Länder in Italien ein,
die vorher zum Exarchate gehöret hatten.
Denn, wenn geſaget wird, als ob ſchon Con-
ſtantin der Große dieſe Lande der römiſchen
Kirche geſchenket habe: ſo iſt das längſt für eine
Fabel erkläret worden.

104. Wie ſahe es um die Religion in dieſer
Periode aus?

Es iſt beſonders die Herrſchaft des römiſchen Biſchofes merkwürdig. Den ſtärkeſten
Grund dazu legete die Unwiſſenheit, die, nach
dem Verfalle des römiſchen Reiches im Occidente,
ſich überall in Europa ausbreitete. Den Fürſten wurde, bey ſolcher Unwiſſenheit, durch unterſchiedene Wege beygebracht, als ſey der allgemeine Biſchof oder der Pabſt ein Statthalter
Jeſu Chriſti auf Erden: folglich, und weil Chriſtus geſaget, ihm ſey alle Gewalt gegeben im
Himmel und auf Erden; ſo habe auch ſein ſicht-
barer Statthalter dieſe Gewalt auszuüben, daß
er in geiſtlichen und weltlichen Sachen vorſchrei-
ben und verordnen könne, was er gut fände.
Anfänglich hatte der römiſche Biſchof ſeinen
Vorzug vor andern Biſchöfen, nur auf den
Vorzug der Stadt Rom gegründet: als aber,
nach Verlegung der kaiſerlichen Reſidenz, der

F 3   Con-

Conſtantinopolitaniſche Biſchof ſeinen Vorzug
auf dieſe neue Reſidenz gründete, und deßhalb
der allgemeine Biſchof heiſſen wolte; ſo ſuchete
man zu Rom einen andern Grund ſeiner Vor-
züge. Man ſagete, **Petrus** ſey der oberſte
unter allen Apoſteln geweſen, dem ſeyen die
Schlüſſel des **Himmelreiches** alleine anvertrauet worden, der habe den biſchöflichen Stul
zu **Rom** geſtiftet, und deſſen ächte alleinige
Nachfolger ſeyen die Biſchöfe zu **Rom** in ununterbrochener Reihe: folglich gehöreten dieſen
die Schlüſſel des Himmelreiches, und die oberſte
Statthalterſchaft Chriſti auf Erden. Es wurden zu den Zeiten der Unwiſſenheit Urkunden
erdichtet, als wären ſie aus den erſten Jarhunderten der Chriſtenheit übrig; in welchen die
Macht und die Vorrechte der römiſchen Biſchöfe
feſte geſtellet wurden. Endlich kam es dahin,
daß der Pabſt ſich anmaßete, Könige und Fürſten nicht nur in den Bann zu thun, ſondern ſie
auch ihrer Regierungen zu entſetzen, und andre
an deren ſtatt zu ernennen. In dieſer Tyranney
that ſich inſonderheit Pabſt **Gregorius** der Siebende hervor, ein Mann von einem weit um ſich
ſehenden Geiſte, aber von eben ſo weit um ſich
greifenden Bosheit. Er wuſte gewiſſe Stellen
der heiligen Schrift zu ſeinem Nutzen zu deu-
ten. Wenn es in der Evangeliſchen Geſchichte
heiſſet, daß die Jünger Jeſu geſaget, ſie hätten zwey Schwerdter zur Hand: ſo ſolte das ſo
viel heiſſen, den **Statthaltern** Chriſti käme
das

das Recht zu, ein geistlich und ein weltlich
Schwerdt zu gebrauchen; das geistliche zum
Bann und zum Verdammen, das weltliche zu
Absetzung oder Einsetzung der Fürsten, und zu
Verfolgung der Widersetzlichen. Unter den
übrigen Bischöfen suchete immer auch einer über
den andern wegzuragen: daher entstunden Patriarchen, Erzbischöfe, Metropoliten. Im
Sechsten Jarhunderte stritten der römis-
sche und Constantinopolitanische Bischof um
den Vorzug: und daraus entstunde die große
Trennung der Griechischen von der Lateinischen Kirche, die noch bis ietzo dauert. Um
dieselbe Zeit wurden die Fest=Tage, Johannis des
Täufers, der Verkündigung und Reinigung Mariä, Petri Stul-Feier, gestiftet, die Kirchen
wurden gewissen Heiligen geweihet, der Grego-
rianische Canon, oder die Einrichtung des öf-
fentlichen Gottesdienstes, kam zum Vorschein.
Im Siebenden Jarhundert wurde der Gebrauch der Glocken, und das Fest Allerheiligen,
eingeführet: und Ketzer hiessen besonders die
Monotheleten, die Christo nur Einen Willen
zuschrieben. Im Achten war der Streit wegen Anbetung der Bilder mannigfaltig: bald
beschloß ein Concilium, sie müsten nicht angebetet werden; bald beschloß ein anderes, sie müsten angebetet werden: woraus man die Unfehl-
barkeit der Concilien beurtheilen kan. Eben
in diesem Jarhunderte kamen in den Kirchen die
Orgeln und andre Musik auf, und die Glocken

F 4   wur

wurden getaufet. Im Neunten riß der Aber=
glaube noch ſtärker ein, und ſonderlich war die
Mode im Gebrauche, durch Angreifung eines
glüenden Eiſens ſeine Unſchuld darzuthun.
Im Zehenden wurden die Feſt=Tage aller Se=
len, und der Himmelfart Mariä, geſtiftet;
man fieng an zu wallfarten, das Weih=Waſ=
ſer zu gebrauchen, und die Reliqvien zu ehren.
Im Eilften namen die Kreuz=Züge in das ſoge=
nannte heilige Land ihren Anfang. Der erſte Zug
war ziemlich glücklich, es wurde zu Jeruſalem
anno 1099 ein neues chriſtliches Königreich ge=
ſtiftet, der erſte König hieß Gottfried, ein gebor=
ner Herzog von Bouillon: und der Titel von die=
ſem Königreiche wird noch heutiges Tages ge=
füret, ob es gleich im dreizehenden Jarhunderte
völlig wieder verloren wurde. In eben dem eilf=
ten Saeculo fürete einer, Namens Petrus Ere=
mita den Gebrauch des Roſenkranzes oder Pa=
ter Noſters ein; imgleichen die Orden der Ci=
ſtercienſer, der Karthäuſer, der Flagellanten,
kamen auf. Im Zwölften Jarhunderte wur=
den die Ritter=Orden der Tempel=Herren, und der
deutſchen Ritter, und der Johanniter=Ritter,
geſtiftet; imgleichen der Carmeliter Mönchs=Or=
den. Die Waldenſer, eine in Frankreich ent=
ſtandene Secte, von ihrem Anfänger Petrus
Waldus alſo benamet, eiferten wider den Pabſt;
und wurden blutig von ihm verfolget. Im
Dreizehenden behielte die Lere von der Tran=
ſubſtantiation, oder von der Verwandelung
des

des Brodtes im Abendmäl in den lebendigen Leib
Christi, die Oberhand; und das Fronleichnams-
Fest, und die Anbetung des gedachten Brodtes, wurde eingesetzet. Die heilige Inquisi-
tion fürete der heilige Dominicus ein, von dem
auch der Mönchs-Orden der Dominicaner den
Namen hat; so wie vom heiligen Franciscus
der Orden der Franciscaner. Jene heissen sonst
auch die Prediger-Mönche, so wie die letztern die
Bettel-Mönche. Im Vierzehenden Saeculo
war die große Spaltung, da auf einmal wenigstens zwey Päbste, bisweilen auch drey, waren,
die einander in den Bann thaten. Im Funf-
zehenden wurden die Concilia zu Costnitz, zu
Pisa, zu Basel, wider den Willen der Päbste
gehalten.

105. Und wie stund es um die Gelersamkeit?

Im Occidente war alles so finster, daß ein
Gelerter, und ein Ketzer oder auch Hexenmei-
ster, fast einerley hieße: viele Bischöfe konnten
weder lesen noch schreiben, daraus sich leicht
schliessen lässet, wie viele gemeine Priester ganz
unwissend gewesen seyn müssen. Wenn der Priester nur seine Messe mit den gehörigen Geberden
halten konnte, so war er vollkommen: und die
Bischöfe hielten sich die meiste Zeit an den Höfen der Fürsten auf, oder legeten sich auf Krie-
ges-Sachen. Es gab keine wolbestellete Schulen, keine öffentliche Bibliotheken. Carl der
Große suchete zwar die Finsterniß zu mindern,
und legete zu Paris eine hohe Schule an, und

F 5 stif-

stiftete einige Bibliotheken. Aber es half das
nicht viel, da seine Nachfolger ihn nicht nach-
ameten. Zu solchen Zeiten giengen die alten guten Schriftsteller, theils ganz, theils zum
Theil, verloren. Als man nachher auch anfieng, fleißiger zu studiren; so schlichen sich lauter unnütze Fragen und Disputier-Künste, an
statt gründlicher Wissenschaft ein; zumal da
die Geistlichen sich der Schulen bemächtiget hatten. Die sogenannte Scholastische Theologie
kam durch den Bischof zu Paris, Petrus Lom-
bardus, in die Höhe: und auf den folgeten viele
solche Scholastische Lerer, die sich durch allerley
prächtige Titel, z. E. eines Seraphischen, eines
Englischen, u. d. g. Lerers, unterschieden.

Aber im Oriente war es etwas besser deßfals
bestellet: da dauerte die Liebe zu gelerten Sachen ziemlich fort, bis auf die Zeit der Eroberung
Constantinopels. Selbst die Saracenen legeten sich nach und nach auf Wissenschaften; und
von den Arabischen Schriftstellern sind vor andern ein Avicenna und Averroes bekannt. Unter den Griechischen Kaisern war Justinian der
Erste ein großer Förderer der Gelersamkeit. Er
sammlete das römische Recht in gewisse Bücher. Das erste heisset der Codex, der die kaiserlichen Verordnungen in sich hält: das zweite
sind die Digesta oder die Pandecten, die aus den
Schriften der alten Rechts-Gelerten gesammlet
sind; das dritte sind die Institutiones, die ein
kur

kurzer Inbegriff des ganzen römischen Rechtes sind: und endlich viertens sind die Novellae, die die neuern Verordnungen nach dem Codex in sich fassen.   In dieser Ordnung sind diese Bücher nach einander herausgegeben worden.   Dieses römische Recht war im Occidente in Vergessenheit gerathen, an dessen Stelle die Gothischen, Longobardischen, Fränkischen, Sächsischen, Rechte beobachtet wurden: bis endlich Kaiser **Lotharius der Zweite**, um das Jar 1186, es wieder hervorsuchete, und in Schulen zu leren, und in Gerichten darnach zu sprechen, befal.   Irnerius, ein Rechts-Gelerter, half diese kaiserliche Willens-Meinung damals ausfüren. Die **Päbste** sezeten darauf diesem römischen Rechte, ihr ius canonicum an die Seite, das aus lauter Briefen und Rescripten der Päbste bestehet, und in Fünf Bücher abgetheilet ist.

Nach Eroberung der Stadt Constantinopel, und kurz vor derselben, flüchteten viele Gelerte nach Italien, und verursacheten, daß im Occidente die Gelersamkeit wieder aufzuleben anfieng; da hingegen im Oriente und in Griechenland, unter der Herrschaft der Türcken, alles in eine große Finsterniß geriethe.

106. Was sind nun, aus dem Verfalle der Vierten Monarchie, für andre Reiche erwachsen?

Das deutsche Reich, Spanien, Portugall, Britannien, Frankreich, Ungarn, Italien: zu denen auch Polen, Rußland, Dännemark, Schweden, ben, gezogen werden kann, ob diese Lande gleich nie den Römern gehöret gehabt.

107. In wie vielen Perioden kann man die Historie von Deutschland am bequemesten betrachten?

Ich mache zwey große Perioden: die erste, vor den deutschen Kaisern; die zweite, unter den deutschen Kaisern.

108. Wie sahe es vor den deutschen Kaisern in Deutschland aus?

In den ältesten Zeiten waren in Deutschland viele, kleinere und größere, Fürsten und Völkerschaften. Was um die Donau und um den Rhein herum, auch noch etwas weiter landeinwärts lag, gerieth unter römische Oberherrschaft. Nach dem Verfalle des Occidentalischen Kaiserthums, hoben insonderheit die Franken das Haupt empor. Als aber das Fränkische Reich getheilet wurde zur Zeit Kaiser Ludewig. des Ersten, bekam Deutschland einen eigenen König, der auch Ludewig hieße. Der lezte von diesen Königen war Heinrich, mit dem Zunamen der Vogelsteller, zu dessen Zeiten in Deutschland ordentliche Städte angeleget, oder wenigstens mit Mauren umgeben, wurden.

109. Wie kam die kaiserliche Würde nach Deutschland?

Der Fränkische König, Carl mit dem Zunamen der Große, bekam zu erst den kaiserlichen Titel wieder: und weil dieser Carl, ausser Deutschland, auch Frankreich und das obere Italien besaß;

faß; so blieb der kaiserliche Name, erstlich bey der Italiänischen Linie von den Nachkommen Carls: so dann kam er auf die Französische Linie; und nach deren Abgang auf die Deutsche Linie. Und als die Nachkommenschaft des grossen Carls innerhalb zwenhundert Jaren ab-gegangen war: so blieb der kaiserliche Name bey den deutschen Königen, unter welchen der vorgedachte Heinrich der Vogelsteller, der erste gewesen ist.

110. Wie kann man die Reihe der deutschen Kaiser am besten behalten?

Vom Jar 1250 bis 1273, war in 23 Jaren kein ordentlicher Kaiser in Deutschland; und man nennet diese Zeit, das große Interregnum: also merket man sich die Kaiser vor, und nach, diesem interregno.

111. Wie hiessen die Kaiser vor diesem interregno?

1) Otto der Erste, mit dem Zunamen der Große, des vorgedachten Kaiser Heinrichs Son: trieb die kleinen Tyrannen in Italien zu paaren, und regierete mit großem Ansehen. Es ward zu seiner Zeit feste gesetzet, daß ein deutscher König, auch allezeit römischer Kaiser heissen solle: ob gleich Deutschland von dieser Würde nicht viel Vortheil gewonnen hat. Er starb anno 974, nach einer sechs und dreißig iärigen Regierung.

2) Otto der Zweite, fürete einen blutigen Krieg mit den Saracenen in dem untern Italien;

lien; und ſturb nach einer zeheniärigen Regierung, anno 983.

3) Otto der Dritte, war noch ein Kind von
zehen Jaren, als ſein Vater ſtarb: und der Erz-
Biſchof von Mainz fürete die Vormundſchaft,
zu großem Nutzen der Biſchöfe in Deutſchland.
Er ſturb am Gifte, anno 1001.

4) Heinrich der Zweite, der, wegen ſeiner
Freigebigkeit gegen die Geiſtlichen, den Zunamen des Heiligen bekam; und in Italien gleichfals Händel hatte. Zu ſeiner Zeit fiengen die
heidniſchen Wenden in Pommern und Meklenburg an, das Chriſtenthum zu verfolgen. Er
ſturb anno 1024.

5) Conrad der Zweite, erbete das Königreich
Arelat, zwiſchen Deutſchland und Frankreich,
das bis hieher ſeine eigene Könige gehabt; und
verknüpfete es mit dem deutſchen Reiche. Er
ſturb anno 1039.

6) Heinrich der Dritte, mit dem Zunamen der
Schwarze, von ſeiner ſchwarz-bräunlichen Ge-
ſichts-Farbe. Weil zu ſeiner Zeit drey Päbſte
auf einmal waren; ſo ſetzete er alle dreie ab, und
ſetzete einen neuen Pabſt ein. Dieſes war das
lezte mal, daß der Kaiſer ſein Anſehen über den
Pabſt behauptete. Er ſturb anno 1056.

7) Heinrich der Vierte, iſt mit dem Pabſte
Gregorius dem Siebenden, und mit deſſen
Nachfolgern, geplaget geweſen. Die Päbſte
verlangeten das Recht, alle Biſchöfe und Aebte
ein-

einzuſetzen, welches bisher immer die Kaiſer gehabt. Die Päbſte wendeten vor, die Kaiſer ſä-
hen, bey Vergebung der geiſtlichen hohen Würden, auf Geſchenke. Da aber die Geſchichte zeigen, daß nachher niemand eifriger auf Geſchenke
geſehen hat, als der Päbſtliche Hof: ſo wird offenbar, daß der Streit von Päbſtlicher Seite eigentlich aus Gewinnſucht gefüret worden. Gregorius der Siebende ſtiftete in Deutſchland einen
Aufſtand der Sachſen wieder den Kaiſer; und
zu gleicher Zeit that er den Kaiſer, als einen Feind
der Kirche, in den Bann. Dieſer Bann hatte
damals die Kraft, daß der Kaiſer abgeſetzet
werden ſolte, daferne er ſich vom Banne nicht
los machete. Er reiſete alſo mitten im Winter,
in gar ſchlechtem Aufzuge, nach Rom, und erlangete die Befreiung vom Banne auf eine ſchmä-
lige Art. Als aber der Streit bald nachher wieder erneuert wurde, wiegelte der Pabſt den leiblichen Son und Nachfolger des Kaiſers auf: und
dieſer beförderte die Abſetzung ſeines Vaters. Es
ſturb dieſer große Kaiſer in gar armen Umſtänden
im Jar 1106.

7) Heinrich der Fünfte, hatte ſich zwar vom
Pabſte zu böſen Unternemungen wieder ſeinen
Vater verfüren laſſen; er wolte aber, nach an-
getretener Regierung, von Abtretung des Rechtes der Biſchofs-Inveſtitur nichts wiſſen. Endlich aber wurde er doch des Streites müde, und
übergab dem Pabſte dieſes Recht, zu großer
Ver-

Verringerung der kaiserlichen Hoheit. Er sturb
anno 1125.

9) **Lotharius**, versprach mit einem Eide,
bey seiner, vom Pabste verrichteten, Krönung,
sonderlich auf Zureden des heiligen Bernhard,
daß er alles halten wolle, was sein Vorfar mit
dem Pabste abgehandelt habe. Diese Krönung
und Eidesleistung, ließ der Pabst gar schimpflich
abmalen, und zu Rom aufstellen, mit der Bei-
schrift:

> Rex venit ante fores, iurans prius Vrbis
> honores:
> Post *homo* fit Papae, sumit quo dante co-
> ronam.

Der Kaiser sturb anno 1138.

10) **Conrad der Dritte**, Herzog in Schwaben, erklärete den mächtigen Herzog in Sachsen, Heinrich den Stolzen, in die Acht, weil
er dem Kaiser einige Lande nicht abtreten wollen: und Heinrich verlor darüber fast alles das
seine. Nachher that der Kaiser einen Zug in das
sogenannte heilige Land: richtete aber wenig aus.
Er sturb 1152.

11) **Friedrich der Erste**, mit dem Zunamen
der Roth-Bart. In Italien zerstörete er Mai-
land, weil es sich wieder ihn aufgelehnet hatte. Mit
dem Pabste Alexander dem Dritten, hatte er eben
so viel zu schaffen, als Kaiser Heinrich der
Vierte mit dem Pabst Gregorius dem Siebenden. Wieder den Sächsischen Herzog, Heinrich
der

der Löwe, der fast alles wieder bekommen hatte,
was seinem Vater Heinrich dem Stolzen ehemals gehöret gehabt, lies er die Acht ergehen,
weil er dem Kaiser ungehorsam gewesen war:
und er behielt endlich nichts als die Herzogthü-
mer Braunschweig und Lüneburg. Zuletzt
zog dieser Kaiser mit einem großen Heer nach
dem sogenannten heiligen Lande: ertrunk aber in
Cilicien, als er durch einen Strom reiten wolte,
anno 1189.

12) Heinrich der Sechste, stund bey seiner
Krönung die Unanständigkeit aus, daß, da der
Pabst ihm, auf den Knien liegend, die Krone
aufgesetzet hatte, er sie ihm mit dem Fuße wieder
vom Kopfe stieß, anzuzeigen, daß der Pabst
Kronen geben und nemen könne. Er starb anno
1198.

13) Nach dem Ableben Heinrich des Sechsten, theileten sich die deutschen Fürsten: einige
wolten seinen Bruder, Philippus, zum Kaiser haben, der auch wirklich zehen Jare lang bis
an seinen Tod diese Würde besessen hat: andre
erweleten den Sächsischen Herzog, Otto den
Vierten. Daraus enstund ein Landverderblicher
Krieg: bis endlich Philipp ums Leben kam, und
Otto alleine noch zehen Jare regierete.

14) Friedrich der Zweite, Heinrich des Sechsten Son, und, wegen seiner Mutter, König
von Sicilien und dem untern Italien. Er
war ein vortreflicher Fürst, und wiederstund dem

v. Holb. Welt-Hist.　　　G　　　Un-

Unfuge der Päbſte aus allen Kräften. Italien
theilete ſich zu ſeiner Zeit in zwey Parteien: die
eine nennete ſich die Welfen, und hielte es mit
dem Pabſte; die andre die Gibellinen, die auf
des Kaiſers Seite waren. Endlich, auf dem
Concilio zu Lion, that der Pabſt Innocentius
der Vierte dieſen Kaiſer zum lezten male in den
Bann, und erklärete ihn der Regierung unwürdig, weil er ein Atheiſte wäre. Darauf gab es
viele ungetreue Vaſallen, und nach fünf Jaren
wurde Friedrich der Zweite von ſeinem unächten
Sone Mannfried vergiftet. Er hatte die kai
ſerliche Würde 38 Jare beſeſſen.

112. Was war für ein Zuſtand im deutſchen Reiche nach
dem Tode dieſes großen Kaiſers?

Das ſogenannte große Interregnum gieng an
im Jare 1250, da Friedrich der Zweite geſtorben war; und dauerte 23 Jare. Es wurde in
der Zeit bald dieſer bald iener zum Kaiſer aufgeworfen: aber keiner konnte ſich behaupten; und
Deutſchland war eine Mörder-Grube. Es riſſen
auch damals viele Unordnungen ein, die nachher
nie alle haben geheilet werden können.

113. Welches ſind die deutſchen Kaiſer nach dieſem
Interregno?

1) Rudolph der Erſte, ein geborner Grafe
von Habsburg, wurde erwelet im Jar 1273,
und behauptete ſich glücklich bey dieſer Würde.
Er gab das erledigte Oeſterreich ſeinem Sone
Albert, und von dem ſtammen die heutigen Erz
Her

Herzoge in ununterbrochener Reihe her. Ita
lien aber entzog sich damals nach und nach der
kaiserlichen Oberherrschaft: denn Rudolph wolte
keinen Krieges-Zug nach Italien unternemen,
vielmer verkaufete er vielen Italiänischen Städ
ten und Kreisen die Freiheit. Er befal, daß in
Deutschland alle Staats- und Gerichts-Sachen
in deutscher Sprache, an statt der lateinischen,
abgefasset werden solten. Er sturb anno 1291
in hohem Alter.

2) Adolph, ein geborner Grafe von Naßau,
bekam an dem Sone des vorigen Kaisers, Al
bert, einen starken Wiedersacher: und Adolph
kam in einer Schlacht, im Jar 1298, um das
Leben.

3) Albert der Erste, wurde, nach einer unru
higen Regierung, von seines Bruders Sone,
dem Herzoge Johann in Schwaben, ermordet
im Jar 1308.

4) Heinrich der Siebende, ein geborner Gra
fe von Lützelburg oder Luxenburg, ward 1313.
von einem Mönche zu Benevent in Italien,
im heiligen Abendmale vergiftet.

5) Die deutschen Fürsten erweleten abermal
zwey Kaiser auf einmal, durch deren Kriege mit
einander viel Blut vergossen wurde. Der Eine
war Ludewig, Herzog in Baiern; der Zweite
war Friedrich, Herzog in Oesterreich. Nach
einem acht-iärigen Streite, wurde endlich Fried
rich ein Krieges-Gefangener; und muste sich der

Regie-

Regierung entsagen, ob er gleich den kaiserli=
chen Titel beybehalten durfte. Er heisset daher
Friedrich der Dritte, mit dem Zunamen der
Schöne. Ludewig der Fünfte wurde von dem
Pabste nachher einmal über das andre in den
Bann gethan; und endlich kam es so weit, daß
die deutschen Fürsten einen neuen Kaiser, den
König in Bömen Carl, erweleten. Dieser Carl
aber erwartete den Tod des alten Ludewigs in
Ruhe; welcher auch im Jar 1347 erfolgete.
Sonst war dieser Ludewig der Fünfte ein lob=
würdiger Fürste.

6) Carl der Vierte, König in Bömen, ver=
kaufete in Italien alles, was Rudolph übrig gelaf=
sen hätte. Er hat das deutsche Staats=Gesetz=
Buch, welches die güldene Bulle genennet
wird, abgefasset und eingeführet. Er starb 1378,
nach einer langen Regierung.

7) Wenceslaus, Carl des Vierten Son, und
König in Bömen, ein gar übel berüchtigter
Fürste. Die Deutschen setzeten ihn im Jare
1400 ab, und erweleten einen neuen Kaiser:
womit auch Wenceslaus gar wol zufrieden war
In Bömen aber regierete er bis an seinen Tod
anno 1419. Zu seiner Zeit ist das Schieß=Pul=
ver, und das Schieß=Gewer mit Feuer, erfun=
den worden.

8) Rupertus, ein geborner Pfalz=Grafe, re=
gierete zehen Jare mit vielem Lobe. Er sturb
1410.

9) St.

9) **Sigismund**, der zweite Son Kaiser Carl
des Vierten, war bisher, seit 1373, Kurfürst zu
Brandenburg, und seit 1488, wegen seiner Gemalin **Maria**, König in Ungarn, gewesen; und
anno 1411 wurde er zum Kaiser erwelet. Er
war ein Herr von großen Gemüths-Gaben. Er
veranstaltete das Concilium zu **Costnitz**: und
Johann Huß aus Bömen wurde daselbst, wieder das kaiserliche sichere Geleite, von den Pfaf-
fen verbrannt. Darüber entstund in **Bömen**
große Unruhe, mit welcher Sigismund, als er,
nach seines Bruders Tode, König daselbst wurde, bis an seinen Tod, der im Jar 1437 erfolgete, zu streiten hatte. Er verkaufete die **Mark**
Brandenburg im Jar 1417 an den Grafen
von Hohenzollern und Burggrafen zu Nürnberg,
Friedrich; dessen gesegnete Nachkommen dieses
Land nebst vielen andern bis diesen Tag besitzen.

10) **Albert der Zweite**, aus dem Hause Oesterreich, aus welchem Hause die folgenden Kaiser auch gewesen sind. Er heirathete die einzige
Tochter und Erbin Sigismunds, **Elisabet**, und
wurde dadurch König von Ungarn und Bömen.
Seine kaiserliche Regierung aber dauerte nicht
volle zwey Jare, da er im Jar 1439 versturbe.

11) **Friedrich der Vierte**, ein naher Vetter
des vorigen, ein Friede liebender, aber überaus
geiziger, Fürste. Unter seiner schläfrigen Regierung gieng Constantinopel verloren. Die
Buchdrucker-Kunst wurde anno 1440, zu

Mainz

Mainz vom Johann Fauſt, erfunden. Der Kaiſer ſturb im Jar 1493.

12) Maximilian der Erſte, ein munterer und kluger Herr, der zugleich die Freigebigkeit ein wenig zu weit triebe. Er konnte daher auch, wegen Geld-Mangel, nicht allezeit ſeine Abſichten ausfüren. Die Gerechtigkeit liebete er, hingegen war die damalige pedantiſche Gelerſamkeit ihm ein Gräuel. Seine Thaten ſoll er ſelbſt in dem Buche, das Theuerdank betitelt iſt, beſchrieben haben. Er ſturb 1519.

13) Carl der Fünfte, Maximilians Enkel, ein Herr von großen Eigenſchaften, und von großer Macht. Sein Vater Philipp hatte die Spaniſche Erbin Johanna geheirathet: und nach deſſen Tode ward Carl König von Spanien und den dazu gehörigen Landen, anno 1516. Zu ſeiner Zeit hatte in Deutſchland die große Reformation den gewünſchten Fortgang. Nemlich, der Pabſt hatte Ablaß-Krämer nach Deutſchland geſchicket, die den Leuten die Vergebung der Sünden verkaufeten. Wider einen ſolchen böſen Krämer, Johann Tezel, ſchrieb der Profeſſor zu Wittenberg in Sachſen, D. Martin Luther, im Jare 1517. Der Kurfürſt in Sachſen, Friedrich der Weiſe, nam Luthern in ſeinen Schutz, als er vom Pabſte verfolget werden wolte. Und weil theils das papiſtiſche Unweſen aufs höchſte geſtiegen war, theils die auflebende gute Gelerſamkeit vielen Leuten, die

Augen

Augen aufzuthun, Anlaß gegeben hatte: so fänd
Luther in und außer Deutschland vielen Beifall.
Carl war im Grunde der gereinigtern Lere nicht
abgeneigt: vielleicht aber gedachte er, bey solcher Gelegenheit die Freiheiten der deutschen Fürsten schmälern zu können. Der unerschrockene
und standhafte Luther wurde vom Kaiser nach
Worms auf den Reichstag, 1521, berufen: und
als er daselbst nichts widerrufen konnte; erklärete ihn der Kaiser in die Reichs-Acht, nachdem er ihn vorher, wegen gegebenen sichern Ge-
leites, im Frieden von Worms hatte nach Hause
reisen lassen. Der Pabst aber hatte Luthern
schon anno 1520 in den Bann gethan. Der
Kurfürst zu Sachsen verbarg Luthern bey seiner
Rückkunft auf dem Schloße Wartburg in Thü-
ringen eine Zeitlang. Auf dem Reichs-Tage zu
Speier, 1529, wolten die Papisten durchaus
haben, daß die Reichs-Acht und der Bann, nicht
nur wider Luthern, sondern auch wider dessen
Freunde, geltend gemachet werden solte: aber
darwieder protestireten der neue Kurfürst zu
Sachsen, Johann der Standhafte, und der
Land-Graf zu Heßen, Philipp der Grosmüthi-
ge; und der Kaiser ließ für erst diese Protesta-
tion gelten. Daher ist die Benennung der Protestanten entstanden. Im folgenden Jare 1530
legeten, auf dem Reichs-Tage zu Augsburg, die
Fürsten und Stände in Deutschland, die es mit
Luthers Sache gut meineten, ihr Glaubens-Be-
käntniß öffentlich ab: welches man die Augs-

burgische Confeßion zu nennen pfleget. Eben
diese Fürsten und Stände macheten, noch in eben
dem Jare, zu Schmalkalden einen Bund, daß
sie einander mit Gut und Blut beystehen wol=
ten: und dieser Bund machete, daß den Papi=
sten die Lust so bald nicht ankam, einige Gewalt
zu versuchen. Luther starb im Jare 1546 und
in eben dem Jare sahe man einen Religions=
Krieg vor der Thüre. Die protestantische Armee
war stark: der Kaiser zog den Marggrafen in
Meißen, Moriz, auf seine Seite: und bey
Mülberg, nicht weit von Wittenberg, kam es
zu einer Schlacht, in welcher die Protestanten
geschlagen, und der Kurfürst zu Sachsen, nebst
dem Land=Grafen zu Heßen, gefangen wurden.
Die Kur=Würde in Sachsen wurde zwar dem
gedachten Meißnischen Marggrafen gegeben:
aber eben dieser neue Kurfürst zwang den Kai=
ser, daß er die gefangenen Fürsten losgeben, und
einen Vertrag zu Paßau im Jar 1552 schlies=
sen, muste; bis endlich 1555 zu Augsburg
ein allgemeiner Religions=Friede, und die Ge=
wissens=Freiheit, feste gesetzet wurde. Die Tür=
ken mit ihren Einfällen in Ungarn, und die Fran=
zosen in den Elsas, hatten zu dieser Fried=Liebe
auf Seiten des Kaisers viel beygetragen. Der
Bauern=Krieg, der anno 1524 in Deutschland
seinen Anfang nam, und den insonderheit ein
Priester zu Mülhausen, Thomas Münzer, hat=
te erregen helfen, ist nicht zu vergessen. Er
wurde mit vieler Grausamkeit, und mit vielem
Blu=

Blute, von dem unordentlichen Haufen der
Bauern gefüret: und im Jare 1526 wieder unterdrücket. Die Bauern hatten in ihren Fanen
ein Rad gemalet: und daher kömmet es, daß
man einen Anfürer aufrürischer Leute, einen Rä-
delsfürer zu nennen pfleget. Carl wurde endlich seiner unruhigen Regierung müde, legete die
kaiserliche und die Spanische Krone anno 1556
nieder, begab sich nach Spanien in einer ange-
nemen Gegend zur Ruhe, und sturb gut pro-
testantisch im Jare 1558.

14) Ferdinand der Erste, des vorigen Bruder, ein preiswürdiger Herr, unterhielte den
Religions-Frieden, und starb 1564. Er hatte,
durch Heirath, Ungarn und Bömen bekommen.

15) Maximilian der Zweite, ein Son des
vorigen, gleichfals ein vortreflicher und weiser
Fürst, starb 1576.

16) Rudolph der Zweite, ein Son des vorigen, hat bis ins Jar 1612 regieret. Zu seiner Zeit legeten es die Papisten schon auf einen
Religions-Krieg an. Die Bömischen Stände,
die es nicht mit dem Pabste hielten, brachten eine
neue Bestätigung ihrer Religions-Freiheit durch
großes Geld bey dem Kaiser, als Könige in Bömen, zu Stande; und diese Bestätigung wurde
der Maiestät-Brief genennet.

17) Matthias, ein Bruder des vorigen. Er
verlegete die Residenz, die Rudolph zu Prag gehabt hatte, nach Wien, wo sie nachher beständ-

big geblieben ift. Zu seiner Zeit, 1617, hielten die Lutheraner ihr erstes Jubel-Fest. Er starb 1619.

18) Ferdinand der Zweite, ein Vetter des vorigen, ein eifrig papistischer und hochmüthiger Herr. Sein Vorfar hatte ihm Bömen schon anno 1617, und Ungarn 1618 abtreten müssen. Weil die Jesuiten in Bömen anfiengen, die Evangelischen zu drücken: so setzeten die Stände im Jar 1618 einen Reichs-Tag an, den Beschwerden abzuhelfen. Der neue König hielt das für einen Eingriff in seine Rechte, und schickete drey vorneme Männer an sie: diese wurden zu Prag vom Schlosse zum Fenster hinunter geworfen; und die Jesuiten wurden aus Bömen gejaget. Darauf kam es zu einem Kriege. Die Bömen erweleten sich einen andern König, Friedrich, Kurfürsten in der Pfalz. Aber die Bömische Armee wurde auf dem weissen Berge bey Prag geschlagen, und König Friedrich muste flüchten. Das geschahe anno 1620. Und dieß war der Anfang zu dem großen dreißigjärigen Kriege. Die Krieges-Völker des Kaisers breiteten sich durch Deutschland aus, und man sahe ganz offenbar, daß die Religion, nebst der Freiheit der deutschen Fürsten, unterdrücket werden solle. Zuerst nam sich der König in Dännemark, Christian der Vierte, der Protestanten an: als aber der bey Lutter in Nieder-Sachsen anno 1625 geschlagen wurde, machte er mit dem Kaiser Friede. Darauf kam der Schwedische König, Gustav Adolph, im Jare 1630 nach

Deutsch-

Deutſchland, der mit ſeinen Siegen des Kaiſers Abſichten vereitelte. Dieſer große König
wurde zwar anno 1632 im November bey Lützen,
nicht weit von Leipzig, erſchoſſen: ſeine Generale
aber ſetzeten den Krieg glücklich fort. Ferdinand
ſturb 1637.

19) Ferdinand der Dritte, erlebete endlich
das Ende des dreißigiärigen Krieges, der ſo
manche Gegend in Deutſchland wüſte gemachet.
Denn zu Osnabrück und Münſter wurde der
Weſtphäliſche Friede im Jar 1648 geſchloſſen,
und im Jar 1650 völlig ausgeführet. Durch dieſen Frieden ſind die Rechte der deutſchen Fürſten,
und die Freiheit der Religion, in Sicherheit geſetzet
worden. Ferdinand ließ darauf ſeinen älteſten
Son, Ferdinand den Vierten zum römiſchen
Könige krönen: er ſturb aber vor dem Vater an
den Kinder-Pocken. Der Kaiſer ſtarb 1657.

20) Leopold, der zweite Son des vorigen,
hat ſchwere Kriege in Ungarn mit den Rebellen
und Türken zu füren gehabt, die er doch glücklich ausgeführet: Imgleichen mit den Franzoſen,
ſonderlich wegen der Erb-Folge in Spanien. Er
ſturb 1705.

21) Joſeph, der ältere Son Leopolds, ein
munterer Herr, der den Krieg mit den Franzoſen
glücklich fortgeſetzet, aber das Ende deſſelben nicht
erlebet hat: denn er ſtarb 1711.

22) Carl der Sechſte, der iüngere Son Leopolds, und König in Spanien. Als Joſeph geſtorben war, kam er nach Deutſchland, und wurde

de Kaiſer: er machete auch 1714. mit Frankreich
Friede, und überließ dem Franzöſiſchen Prinzen
Philipp die Spaniſche Krone, behielte aber die
Spaniſche Provinzen in den Niederlanden und
in Italien für ſich. Er fürete nachher zwey
Türken-Kriege, deren erſterer ganz glücklich, der
zweite aber etwas unglücklich, ablief, indem den
Türken Belgrad muſte abgetreten werden. Es
ſtarb dieſer große Kaiſer im Jar 1740, und weil
er keine männliche Erben hinterließ, ſo hatte er
verordnet, daß ſeine älteſte Tochter, Maria
Thereſia, die an den Herzog von Lothringen
und nachmaligen Groß-Herzog von Toscana,
Franz Stephan, vermälet war, alle ſeine Erb-
Lande im Beſitz behalten ſolte.

23) Carl der Siebende, Kurfürſt zu Baiern,
wurde zwar Kaiſer; aber er konnte der Oeſter-
reichiſchen Macht, mit der er in Krieg gerathen
war, weil er unterſchiedenes aus der Oeſterrei-
chiſchen Erbſchaft forderte, nicht wiederſtehen:
und ſtarb im Jar 1744.

24) Franz der Erſte, Gemal der Königin von
Ungarn und Bömen, auch Erz-Herzogin von
Oeſterreich, wurde 1745 Kaiſer: und ſturb 1765.
Sein älteſter Son, Joſeph, war im Jar 1764
zum römiſchen König erwelet worden, und folgete
ſeinem Herrn Vater in der Kaiſerlichen Würde.

25) Joſeph der Zweite, iſt der jeztregierende
Kaiſer, ſeit 1765. Er iſt geboren 1741 den 13
März.

114. Wie

114. Wie ist die Staats=Verfassung des deutschen
Reiches nun beschaffen?

Sie hat ihres gleichen nirgend. Der Kaiser
ist zwar das Haupt des deutschen Reiches: aber
seine Macht ist durch so viele Gesetze eingeschrän=
ket, daß er sich keiner willkürlichen Herrschaft
über die Stände des Reiches anmaßen kann.
Diese Stände sind geistliche und weltliche Für=
sten, deren ieder sein Land für sich regieret, und
unter denen Neune Kurfürsten heissen, weil sie
alleine das Recht haben, einen Kaiser zu welen.
Die übrigen Stände sind die Reichs=Grafen und
die Reichs=Ritterschaft, nebst den Reichs=Städten.
Der erwelete Kaiser beschwört eine von den Stän=
den entworfene Kapitulation. Zu Regensburg
wird seit 1662 ein immerwärend 	es=Tag
gehalten. Ein römischer König   ein be=
stimmeter Nachfolger des zeitigen Kaisers, und
wird von den Kurfürsten erwelet.

115. Wie kann man die Spanische Historie
eintheilen?

Fürnemlich in Vier große Perioden. Die Erste
begreifet den ältesten Zustand Spaniens, vor der
Zeit und zur Zeit der Römer, unter sich: die
Zweite, zur Zeit der Gothen: die Dritte zur
Zeit der Saracenen: die Vierte zur Zeit der al=
leinigen Herrschaft christlicher Monarchen.

116. Wie sahe es zur Zeit der Ersten Periode in
Spanien aus?

Es war dieses große Land, so wie ehemals
fast alle Lande, in viele kleinere und größere
Völ=

Völkerschaften getheilet, die immer unter sich
Händel anfiengen, und dadurch veranlasseten,
daß sie von fremden Völkern leicht konnten über=
wältiget werden. Zu erst kamen, aus dem be=
nachbarten Gallien, die Celten in dieß Land, ver=
einigten sich mit den daselbstigen Iberiern: und
der Name Celtiberia entstunde daher. Nach=
her brachten die Karthaginenser einen großen
Theil dieses Landes in ihre Gewalt. Auf die
folgeten die Römer, die, nach Vertreibung der
Karthaginenser, nach und nach ganz Spanien
eroberten, und es, bis zum Verfalle des Occiden=
talischen Reiches, etwa Sechshundert Jare lang
beherrscheten.

117. Was geschahe zur Zeit der Zweiten Periode?

Da das römische Reich im Occidente sich zu
seinem Untergange neigete, giengen die Vanda=
len, Silinger, Sveven, Alanen, und endlich
die Gothen, nach Spanien, und diese leztern
richteten ein ordentlich Königreich darinnen auf.
Dieses Königreich blühete am meisten unter dem
Könige Recared: unter dem wollüstigen Könige
Witiza neigete es sich: und unter dem Könige
Roderich erlosch es. Denn zu dessen Zeit tha=
ten die Saracenen aus Africa einen Einfall in
Spanien, erschlugen den König Roderich, und
bemächtigten sich bey nahe des ganzen Landes;
nachdem das Gothische Königreich etwa dreihun=
dert Jare bestanden hatte. Es geschahe das im
Jare 714.

118. Wie gieng es zur Zeit der Dritten Periode?

Die Saracenen überschwemmeten zwar die besten Theile von Spanien: aber die Christen, die in die mitternächtlichen Gebirge geflohen waren, behaupteten sich doch daselbst; und nach und nach entstunden unterschiedene christliche Fürstenthümer und Königreich, so wie man den Saracenen immer wieder was wegnäm. Diese Körigreiche kamen zwar unter dem Könige, Sanctius Major, zusammen: er machete aber wieder eine Theilung unter seine Vier Söne; aus welcher Theilung nachher viele Kriege der Christen wieder einander erwuchsen. Endlich kam die christliche Herrschaft in Spanien auf zwey Häuser, Kastilien und Arragonien: der Arragonische König Ferdinand heirathete im Jar 1469 die Kastilianische Erbin Isabella; und wurde dadurch Herr des ganzen christlichen Spaniens, daß die Saracenen nur noch einen kleinen Theil am Mittelländischen Meere für sich behielten.

119. Was war die Ursache des Verfalles der Saracenischen Macht in Spanien?

Erstlich waren die Saracenen unter sich nicht einig, und es enstunden auch unter ihnen verschiedene Fürstenthümer, die sich einander bekriegeten. Nächst dem fiengen sie an, sich auf die faule Seite zu legen. Ihre Haupt-Regierung war zu Corduba gewesen: auf die letzt blieb ihnen nichts als Granada übrig. Wir müssen aber nicht meynen, als ob unter ihnen keine

Geler-

Gelerſamkeit in Achtung geweſen, oder an ihren
Höfen kein glänzender Staat gefüret worden,
ſey. Sie haben auch verſchiedene Städte in Spanien neu angeleget, die noch ihre Arabiſche Namen behalten; gleichwie auch überhaupt in die
Spaniſche Sprache viel Arabiſches eingemi-
ſchet iſt.

120. Welches ſind nun die Spaniſchen Monarchen
in der Vierten Periode?

1) Ferdinand, mit den Zunamen Catholicus, vermälete ſich, wie oben geſaget, mit der
Kaſtilianiſchen Erbin Iſabella, und kam dadurch zu ſolchen Kräften, daß er die noch übrigen Saracenen oder Mauren im Königreiche
Granada, anno 1481, angreifen und vertreiben
können. Der lezte Mauriſche König hieß Boab-
diles: und die Saracenen hatten meiſt 700
Jare in Spanien gehauſet. Auſſer dieſem Kriege fürete Ferdinand noch einige andere, ſonderlich in Italien, zu ſeinem Vortheile; und man
hielte ihn für den verſtändigſten Fürſten ſeiner
Zeit. Er ſtiftete die Spaniſche Inquiſition im
Jar 1478, im Anfange blos dazu, daß kein
Maure oder Jude ſich für einen Chriſten ausge-
ben, und unter dieſem Namen ſeinen Betrug
ausüben, ſolte: nachher aber griff dieſes Gerichte auf eine fürchterliche Art um ſich. Zu
dieſes Königes Zeit wurde auch Weſt-Indien,
im Jare 1494 entdecket: und zwar die vördern
Inſuln vom Chriſtoph Columbus, das feſte
Land vom Americus Veſputius. Den alten Titel

tel eines Catholischen Königes pflanzete dieser
König auf seine Nachfolger beständig fort.

2) Carl, in Spanien der Erste, unter den
römisch-deutschen Kaisern der Fünfte. Ferdinand hatte nur eine Erbin, Johanna, mit derselben vermälete sich ein Prinz aus dem Hause
Oesterreich, Maximilian des Ersten Son, Phi-
lipp der Erste, und zeugete diesen Carl, nebst
noch einem Prinzen Ferdinand, der in der Reihe der deutschen Kaiser Ferdinand der Erste heisset. Philipp starb noch eher als sein Schwieger-
Vater: als daher Ferdinandus Catholicus im
Jar 1516 starb, folgete ihm dieser sein Enkel,
Carl der Erste, in allen Spanischen Landen; im
Jar 1519 bekam er die kaiserliche Würde in
Deutschland dazu, gleichwie er auch der einzige
Erbe der Oesterreichischen Lande war. Seiner
Macht widersetzete sich insonderheit der König
in Frankreich, Franz der Erste: und diese beide Herren haben verschiedene Kriege mit einander gesüret, und verschiedene mal Friede geschlos-
sen. Weil der Pabst Clemens der Siebende
ihm zuwider war, ließ Carl Rom einnemen
und plündern, und den Pabst in der Engelsburg
hart belagern, bis er gute Worte gab. In
Deutschland suchete er die Freiheiten der Fürsten, bey Gelegenheit der Religions-Unruhen, zu
schmälern: es gelunge ihm aber nicht. Seinem
Bruder Ferdinand trat er die Oesterreichischen
Lande ab, und endlich auch die kaiserliche Würde:

v. Holb. Welt-Hist.   H   sei-

feinem Sone Philipp aber gab er die Spani=
sche Lande. Er selbst begab sich in das Kloster
Sanct Justi in Spanien zur Ruhe, und starb
im Jar 1558, zwey Jare nachdem er in Ruhe
gelebet hatte. Er war im übrigen ein alles Lo=
bes würdiger Herr.

3) Philipp der Zweite, ein ernsthafter und
standhafter Herr, zu dessen Zeit Spanien den
höchsten Gipfel seiner Macht erstieg, und nach=
her wieder mit starken Schritten Berg ab gieng.
Als der König Heinrich in Portugall keinen
Erben hinterließ, nam Philipp Portugall und
die dazu gehörige Lande im Jar 1579 in Besitz.
In den Niederlanden wolte Philipp die In=
quisition wider die so genannten Ketzer einfüren:
darüber kam es zu einem Aufstande und schweren
Kriege. Es hatte Kaiser Maximilian der Erste,
die Erbin der Burgundischen Lande, zu denen
auch die Niederlande längst gehöret hatten, ge=
heirathet: dessen Son Philipp der Erste hatte
sie an Spanien gebracht. Philipp der Zweite
wolte sich auch gerne Engelandes unter allerley
Vorwande bemächtigen: er rüstete eine ungemei=
ne Flotte aus, die den stolzen Namen der Un=
überwindlichen fürete: aber sie wurde von den
Engelländern und Niederländern, theils auch
durch Sturm, zu Grunde gerichtet. Es sturb
dieser große, aber allzueifrig papistische, König
im Jar 1598.

4) Phi=

4) Philipp der Dritte, muſte den verbunde:
nen Niederländern, nach einem langen unglück:
lichen Kriege, einen Waffen-Stillſtand auf zwölf
Jare, anno 1609 zugeſtehen. Das Jar darauf
vertrieb er, was noch von Mauriſchen Unter:
thanen übrig war, über 900000 dieſer Leute aus
Spanien; weil man glaubete, ſie hätten doch
noch die Mauriſche Religion: und entblößete
dadurch Spanien von Einwonern gar merklich.
Ferdinand der Erſte hatte ſchon anno 1492 alle
Juden aus Spanien vertrieben.   Philipp der
Dritte ſturb 1621.

5) Philipp der Vierte, erneuerte zwar den
Krieg mit den vereinigten Niederländern: muſte
ſie aber im Jar 1648 für freie Leute erklären.
Portugall fiel gleichfals von den Spaniern ab,
und bekam ſeinen eigenen König: und konnte
auf keine Weiſe wieder erobert werden. Er fü:
rete auch unglückliche Kriege mit Frankreich, und
muſte vieles abtreten.   Er ſturb anno 1665.

6) Carl der Zweite, ein ſchwacher Fürſt. Er
hatte überall Verluſt in den Franzöſiſchen Krie:
gen; er muſte auch Portugall im Jar 1669 für
ein unabhängiges Königreich erkennen. Weil
er keine Leibes-Erben hinterließ, ſo entſtund nach
ſeinem Tode, anno 1700, ein ſchwerer Krieg we
gen der Erb-Folge. Natürlicher Weiſe hätte
das Haus Oeſterreich erben ſollen: Carl der
Zweite aber hatte ſich auf ſeinem Tod-Bette über-
reden laſſen, ein Teſtament zu machen, darin

nen er einen Französischen Prinzen zu seinem
Nachfolger ernennete. Von Oesterreichischer
Seite wurde der zweite Prinz Kaisers Leopolds,
Karl, zum Könige in Spanien ernennet, eine
starke Englische Flotte brachte ihn nach Spanien,
er nam seinen Siß zu Barcellona, wurde nachher zu Madrid wirklich gekrönet; und der Krieg
breitete sich zu Lande und Wasser weit aus. Nachdem aber dieser König nach Deutschland zurück
gegangen, und Kaiser worden war: wurde endlich Friede, in welchem der Französische Prinz
die Spanische Krone, Carl aber den Titel nebst
den Niederlanden und den Italiänisch : Spanischen Landen, behielte.

7) Philipp der Fünfte, ein geborner Französischer Prinz, der wegen seiner Großmutter,
einer Spanischen Prinzeßin, ein Recht auf Spanien zu haben vermeynete, welches Recht durch
ein vorgegebenes Testament des leztern Königes
unterstüßet wurde. Er behielte im Frieden die
Krone anno 1713, und sturbe anno 1746.

8) Ferdinand, ein Son Philipp des Fünften von der Ersten Ehe, nam den Beinamen des
Sechsten aus der Reihe der alten Könige an:
und sturb 1759.

9) Carl der Dritte, ein Son Philipp des
Fünften von der Zweiten Ehe, war bisher König beider Sicilien gewesen. Er überließ die
Sicilianische Reiche seinem Sone, und ist der
heutige König von Spanien und West Indien.

121. Welches ist der heutige Zustand in Spanien?

Unter den drey ersten Königen war Spanien zu einer solchen Macht gelanget, daß ganz Europa sich davor fürchtete. Aber die Weitläuftigkeit der vielen Lande, und die persönliche Schwäche der folgenden Könige, verursachete nach und nach einen großen Abfall von dieser Macht. Gleichwol ist Spanien an sich noch stark genug, seinen Glanz unter den Europäischen Mächten zu behaupten, wenn es seine Kräfte ordentlich gebrauchen will. In Ansehung der Religion herrschet schlechterdinges die päbstliche Einrichtung.

122. Wie kann man sich die Historie von Portugall am bequemsten vorstellen?

Man stellet sich drey Perioden vor. Die Erste hat eigene Könige in Portugall: die Zweite betrachtet dieses Land unter Spanischer Oberherrschaft: die Dritte hat wiederum eigene Könige. Denn in den ältern Zeiten hat Portugall, das damals Lusitanien hieß, mit Spanien einerley Schicksal gehabt.

123. Wie entstund ein eigenes Königreich in Portugall?

Als der lezte Gothische König, der dieses Land mit beherrschet hatte, erschlagen war, namen die Saracenen es in Besitz, und behielten es lange. Endlich that sich ein Prinz aus Frankreich, namens Heinrich, im Kriege wieder die Saracenen tapfer hervor, dem gab der christliche

H 3   König

König von Kaſtilien ſeine Tochter, und ſtund
ihm bey, daß er die Gegend, die heutiges Tages Portugall heiſſet, für ſich und ſeine Nachkommen erobern ſolte. Er ſchlug ſich mit den
Saracenen herum, und ſturb anno 1112. Sein
Son, Alphonſius der Erſte, eroberte Olyſippo
oder Liſſabon, und nam den königlichen Titel an.
Weil er in einer Schlacht wieder fünf Sarace-
niſche Fürſten geſieget hatte, ſetzete er fünf
Schilde in ſein Wapen zum Andenken. Unter ſeinen Nachkommen ſind inſonderheit Sanctius der Erſte, Dionyſius, Johann der Zweite, Emanuel, Sebaſtian, und der lezte König Heinrich, der unvererbet ſturbe, bekannt.

124. Wie ſtund es unter dieſen Königen in Portugall?

Es wuchs dieſes Königreich nach und nach
an Macht. König Johann der Zweite ließ einen Weg nach Oſt-Indien ſuchen, da bisher der
Oſt-Indiſche Specerey-Handel von Aegypten
aus war getrieben worden: und ſein Nachfolger
Emanuel ſendete wirklich Schiffe und Krieges-
Völker nach Oſt-Indien. Von dem Jare 1497
bereitete ſich die Macht der Portugieſen daſelbſt
weit aus: und der Haupt-Sitz war Goa. In
America wurde Braſilien erobert.

125. Wie ſahe es in der zweiten Periode unter Spaniſcher Herrſchaft aus?

König Philipp der Zweite in Spanien, ließ
Portugall einnemen, weil er glaubete das nächſte
Recht zur Erb-Folge zu haben. Aber unter die-
ſer

ser Spanischen Herrschaft, die unter drey Spanischen Königen 60 Jare lang fortgesetzet wurde,
büßeten die Portugiesen viel ein. Die Spanier verboten den vereinigten Niederländern den
Handel nach Portugall: die Niederländer schif-
feten darauf unmittelbar nach Ost-Indien, und
namen den Portugiesen viele wichtige Handels-
Plätze weg: und dadurch entstund in den Niederlanden die Ost-Indische mächtige Gesell-
schaft.

126. Welches sind in der dritten Periode die neuen
Könige in Portugall?

1) Johannes, Herzog von Braganza, ein
weitläuftiger Verwandter des königlichen Hauses, wagete es, die Spanier aus Portugall zu
vertreiben: und es gelunge ihm, daß er im Jar
1640 zum Könige ausgerufen wurde. Die Spanier hatten zu der Zeit einen schweren Krieg mit
Frankreich und in den Niederlanden: also konnten sie den Portugiesen nicht genugsam wiederstehen. Johannes, in der Reihe der alten Könige der Vierte dieses Namens, sturb 1656.

2) Alphonsus der Fünfte, verfiel auf große
Unordnungen in seinem Leben, und auf Grau-
samkeiten: daher ihn die Stände zwungen, die
Regierung seinem Bruder zu übergeben.

3) Petrus der Dritte, nennete sich anfänglich nur einen Regenten, so lange sein Bruder
Alphonsus noch lebete: nach dessen Tode, im Jar
1683, nam er den königlichen Namen an. Im

Jar 1565 bekam der Krieg mit Spanien sein
Ende, und Portugall wurde für ein unabhängiges rechtmäßiges Königreich erkannt. Uebrigens fürete Petrus eine glückliche Regierung;
im Spanischen Succeßions-Kriege hielte er es
mit der Oesterreichischen Partei; und sturb 1706.

4) Johann der Fünfte, blieb bey eben der
Partei, bis daß im Utrechtischen Frieden anno
1712 der Krieg sein Ende bekam. Der Pabst
legete diesem Könige den Titel des allergetreue-
sten, nemlich gegen die römische Kirche, bey.

5) Joseph, bestieg den Thron 1750, ein weiser und standhafter Herr, wurde im Jar 1758
in seiner Residenz bey nahe erschossen, welchen
Meuchel-Mord einige Große angestiftet hatten,
die nach der Succession strebeten: worauf eine
scharfe Bestrafung erfolgete. Er verjagete die
Jesuiten aus Portugall, weil ihre Leren auf
Mord und Meuterey leiten sollen. Er suchet
seine Krieges-Macht auf guten Fuß zu setzen,
und Gelersamkeit blühend zu machen.

127. Wie stehet es also nun mit Portugall?

Es ist zwar dieses Königreich in Europa eines
von den kleinesten; aber an Reichthum, und an
Vortreflichkeit des Landes, ist es eines von den
wichtigsten. Weil Portugall, außer Brasilien
in America, auch in Asien und Africa schöne Be-
sitzungen hat; so träget die Handlung viel ein.
Das Volk ist zwar der römischen Kirche recht
abergläubisch ergeben: doch aber sind der In-
qvi-

gvisition neuerlich Gränzen gesetzet, die sie nicht
überschreiten soll. Es hat dieses Königreich sonst
keinen Nachbar, vor dem es sich fürchten dürfte,
außer Spanien; es ist aber dieses leztere nicht
in der Verfassung, daß Portugall sich nicht genugsam vertheidigen könnte.

**128. Wie lässet sich die Historie von Britannien
abtheilen?**

Der Kürze wegen wollen wir Britannien betrachten, 1) wie es vor und unter den Römern
daselbst ausgesehen; 2) wie es zur Zeit der Sachsen; und 3) zur Zeit der Normannen; und
4) zur Zeit der Könige von der ganzen Insel,
gestanden.

**129. Wie sahe es vor und unter den Römern da-
selbst aus?**

Britannien war gleichfals in den ältesten Zeiten in viele kleine Staaten zertheilet, so wie es
in andern Europäischen Landen damals zu seyn
pflegete. Als Julius Cäsar den größesten Theil
von Gallien unter den Fuß gebracht, war er der
erste Römer, der mit einem Krieges-Heere nach
Britannien gieng. Nach einigen glücklichen Ge-
fechten verließ er die Insel wieder: aber zu der Zeit
des Kaisers Claudius, und nachher Domitians,
wurde ganz Britannien den Römern unterwürfig. Und in diesem Zustande einer römischen
Provinz, blieb es vierhundert Jare. Jedoch
war meistens nur das Stück, das Engelland heisset, in diesem Zustande: und die Kaiser liessen oben eine große Mauer, wider
die

die Einfälle aus dem gebirgigen Schottlande,
ziehen.

130. Was für Bewandniß hatte es mit den Sachsen?

Als das römische Reich verfiel, und die römischen Legionen zu Beschützung des festen Landes aus dieser Insel heraus gezogen worden waren, suchten die wilden Schotten und Picten
sich das heutige Engelland zu eigen zu machen.
Wider diese Feinde riefen die Britannier die
Angel-Sachsen, die in der Gegend des heutigen Holstein woneten, und erfarne See-Leute
waren, zu Hülfe: die trieben zwar die Schotten zurück; sie blieben aber dafür selber im Lande, und errichteten nach und nach Sieben Königreiche in Engelland, deren Namen noch in der
Erdbeschreibung dieses Landes gebräuchlich sind.
Diese Regierungen geriethen in mancherley Kriege unter sich: und endlich schmolzen sie zur Zeit
des West-Sächsischen Königes Egbert zusammen, der sich einen König von ganz Engelland
nennete. Darauf thaten die Dänen Einfälle in
diese Insel, die auch unter ihrem Könige, Kanut dem Großen, sich der ganzen Regierung bemächtigten. Sie behielten dieselbe an Sechzig
Jare. Zulezt kam Eduard der Bekenner, aus
dem alten Sächsischen Stamme, wieder auf den
Thron; der wegen eines Gesez-Buches bekannt
ist, das er sammlen lassen.

131. Und mit den Normannen?

Ein Herzog in der Französischen Landschaft
Normandie, der auch noch andre Lande an der
Küste

Küste von Frankreich besaß, Wilhelm der Eroberer, gieng mit einer Krieges-Macht, um das
Jar 1065 nach Engelland, und machte es sich
unterwürfig. Und bey dessen Nachkommen ist
die Regierung geblieben. Die vornehmsten Könige sind folgende:

Wilhelm der Erste, mit dem Zunamen der
Eroberer, nam ganz Engelland in Besitz: und
weil er sich nicht recht sicher trauete, verbot er
den Gebrauch der Waffen, imgleichen daß niemand nach zehn Uhr des Abends Licht oder Feuer
in seinem Hause haben solte.

Eduard der Erste, ein kluger und tapferer
Herr, der ganz Schottland eroberte; welches
Land aber doch nachher wieder seine eigenen Kö-
nige bekam.

Eduard der Dritte, zu dessen Zeit der große
Engelländische Krieg in Frankreich angieng, der
an hundert Jare mit abwechselndem Glücke ge-
dauert hat. Nemlich der alte Stamm der Könige in Frankreich war ausgestorben; und Eduard,
der damals noch die Normannischen Lande in
Frankreich inne hatte, glaubete näher Recht zur
Französischen Krone zu haben, als Philipp von
Valois. Die Französischen Völker wurden einmal über das andre geschlagen, ob sie gleich an
Anzal den Engelländern weit überlegen waren:
als aber der Englische Kron-Prinz Eduard der
Vierte gestorben war, der die Engelländischen
Völker mit großem Glücke angeführet gehabt; er-
holeten

holeten sich die Franzosen wieder. Der König
Eduard sturb anno 1377.

Heinrich der Fünfte, ein großer Held, verfolgete sein Recht auf Frankreich, und brachte
fast das ganze Land unter sich. Er sturb anno
1422.

Heinrich der Sechste, wurde in Paris zum
Könige in Frankreich gekrönet, und besaß das
Land einige Jare. Daher kömmet es, daß Frankreich mit in dem königlichen Titel von Engelland
stehet. Es wärete aber nicht lange, so verloren
die Engelländer das meiste in Frankreich wieder.
Nachher kamen in Engelland die innerlichen Unruhen, zwischen den königlichen Häusern von
Jork und von Lancaster, unter denen Jork
eine weiße Rose, Lancaster aber eine rothe Rose,
im Wapen fürete.

Heinrich der Siebende, ein überaus weiser
König, von dessen Zeit an alle Könige nach der
Reihe gemerket werden müssen. Er war aus
dem Hause Lancaster, und heirathete eine Erbin
des Hauses Jork: wodurch der lange Streit
zwischen der weißen und rothen Rose aufhörete.
Er sturb nach einer langen glückseligen Regierung anno 1510

Heinrich der Achte, gleichfals ein kluger und
muthiger Herr. Tugenden und Untugenden
haben ihn besonders bekannt gemachet. In Re-
ligions Sachen hielte er es erst mit dem Pabste,
und schrieb selbst ein Buch wider Luthern: für
wel-

welche Mühe ihm der Pabst den Titel, Beschü-
ßer des Glaubens (Fidei Defensor) beylegte;
welchen Titel seine Nachfolger beybehalten haben.
Nachher aber machete er sich selbst zum Haupte
der Englischen Kirche, und fürete ein neues Sy-
stem der Religions-Lere ein, das weit von der
römischen Lere abgienge, und den Protestanten
in Deutschland ziemlich nahe kam. Er verheirathete sich sechsmal nach einander, und zwey
von seinen Gemalinnen ließ er enthaupten. Er
sturb 1547. Ihm folgete sein Son

Eduard der Sechste, ein vortreflicher Prinz,
der das Reformations-Werk in Engelland fort-
seßete. Er sturb aber iung, 1553. Ihm folgete seine Schwester

Maria, eine Freundin der Papisten, die die
Reformirte Kirchen-Verfassung wider zu unter-
drücken suchete. Sie vermälete sich mit dem
Spanischen Könige Philipp dem Zweiten, und
verlor darüber den lezten Plaß den die Engelländer in Frankreich noch übrig gehabt, nemlich Calais: und sturb anno 1558.

Elisabet, der vorigen Schwester, eine Für-
stin, die weg n ihrer Klugheit, Gnade, Gelersamkeit, und andrer Tugenden, einen ewigen
Nachrum in den Geschichten behält. Sie stellete das, was Eduard der Sechste in Kirchen-
Sachen angefangen hatte, auf festen Fuß: und
dabey ist es nachher in Engelland verblieben.
Sie war siegreich wider die Spanier, sie un-
ter-

terstüßete die vereinigten Niederländer; die Englische See-Macht und der Handel kam zu ihrer
Zeit hoch in die Höhe, welches beides von dem
an immer zugenommen hat. Sie ernennete den
König von Schottland, Jacob den Sechsten,
zu ihrem Nachfolger, und starb im Jar 1603. .

132. Wie war also der Religions- und politische Zustand in dieser Periode in Engelland beschaffen?

Kein Volk war bey nahe ärger von dem Pabste
behandelt worden, als das Englische. Es war
dahin gekommen, daß iärlich ein gewisser Tribut, den man den Peters-Groschen nennete,
nach Rom bezalet werden muste. Heinrich der
Achte schüttelte das päbstliche Joch ab, und Elisabet fürete die Reformirte Religions-Verfas-
sung durch öffentliche Geseße ein. Die Erstern
Normannischen Könige hatten ziemlich willkür-
lich regieret: aber nach und nach wurde die königliche Gewalt ein wenig eingeschränket, und
das Parlament kam auf, das seine Einwilli-
gung geben muß, wenn neue Geseße und neue
Auflagen eingeführet werden sollen. Das Ober-
haus des Parlaments, in welchem die hohen
von Adel und die Bischöfe sißen, ist indessen älter als das Unterhaus, in welchem der niedri-
gere Adel und die Gemeinen Siß und Stimme
haben.

133. Welches sind nun die Könige über die ganze
   Insel?

Jacob, in Schottland der Sechste, in Engelland der Erste, war ein geborner König von
Schott-

Schottland, aber doch mit dem königlichen Hause
in Engelland verwandt; daher ihn die Königin
Elisabet, die selber keinen Erben hatte, zu ihrem Nachfolger ernennete. Er war ein geletter,
aber schläfriger, Herr. Die Papisten hatten
viele Hofnung zu ihm gehabt: ia man glaubete
in Engelland, daß er eine Neigung zu der römischen Kirche habe; und daher wurden ihm und
seinen Nachkommen, die Herzen der eifrigen Engelländer abgeneigt. Im Jar 1605. hatten einige Papisten in den Gewölben unter dem Par-
laments-Hause eine Menge Pulver zusammen gebracht, und gedachten dieses Haus mit allen darinn
versammleten zu sprengen: es ward aber in Zeiten entdecket, und die Papisten wurden desto ver-
hasseter im Lande. Dieß ist die berüchtigte Pul-
ver-Verschwörung. Jacob sturbe, bey vielen
Unruhen im Lande, anno 1625.

Carl der Erste, sein Son, suchete die königliche Gewalt weiter auszudehnen, als die Gesetze erlaubeten. Die Englische Kirche hatte sich
besonders in zwey große Parteien, in die Epis-
copalische und Presbyterianische, getheilet:
die erstere hatte Bischöfe, und man nennet sie
auch die hohe Kirche; die andre wolte von
keinen Bischöfen, sondern nur von Aeltesten und Vorstehern oder Lerern wissen. Carl
drückete diese leztern, wo er nur konnte, weil er
sie zugleich für Feinde einer mächtigen Regierun
ansahe. In vielen Jaren berief er kein Parla-
men,

ment, und gab indeſſen Geſetze, und machete
Auflagen nach Belieben. Als endlich die Schott-
länder aufrüriſch wurden, berief er zwar ein Parlament: aber das wolte ihm nicht eher beyſtehen,
bis Rechenſchaft wegen bisheriger Regierung gegeben, und die böſen Rathgeber abgeſtrafet wären. Dieſe Sache brach endlich zwiſchen dem
Könige und dem Parlamente in einen Krieg aus:
der König wurde gefangen: und weil eine neue
Secte von Independenten und Ovåkern entſtanden war, die ſchon eine große Anzal aus-
machete, ſo zog die ein liſtiger General des Parlamentes; Cromwell, an ſich, und durch deren
Beiſtand brachte er es dahin, das Carl verur-
theilet, und im Jar 1649 in Londen öffentlich
enthauptet wurde. Es geſchahe das am 9 Fe-
bruar, welcher Tag noch in Engelland feierlich
begangen, und das Unrecht des damaligen Parlamentes verabſcheuet, wird. In Irrland hatten zu ſeiner Zeit die papiſtiſchen Einwoner wieder die Reformirten mörderlich gewütet: welches
dieſem Könige gleichfals zur Laſt geleget wurde.

Cromwell wurde nach des Königes Tode zum
Protector oder Beſchützer der freien Republic
von Engelland und Schottland erwelet, oder, er
machete ſich ſelbſt durch Hülfe ſeiner Anhänger
dazu: und man war willens, die königliche Regierung ganz abzuſchaffen. Dieſer Cromwell erhielt Siege wieder die unruhigen Schotten und
Irländer, imgleichen zur See wieder die Hol-
länder

länder; er ließ die Insel Jamaika den Spaniern wegnemen, er regierete die drey Königreiche nach seinem Wolgefallen, und die auswärtigen Potentaten suchten seine Freundschaft: ia
auch die Juden waren geneigt, ihn für ihren
Meßias zu erkennen. Er starb im Jar 1658,
und sein Son Richard solte ihm zwar in der
Protector-Würde folgen: weil aber der seines
Vaters Geist nicht hatte; so wurde der königliche Prinz Carl nach Engelland berufen, und Richard begerete sich nicht darwieder zu setzen.

Carl der Zweite, der ältere Son Carl des
Ersten, war Zeit der Regierung Cromwells theils
in Frankreich, theils in Holland gewesen, hatte
auch durch Hülfe der Schotten versuchet, sein
väterlich Königreich wieder zu erlangen, wäre
aber bald darüber gefangen worden: bis er endlich, nach Cromwells Tode, wieder gerufen wurde.
Aus Mitleiden wegen seines und seines Vaters
Unglücke, hielte man diesem Fürsten vieles zu
gute: als aber seine Religion zweifelhaft wurde;
als sein iüngerer Bruder Jacob offenbar papistisch wurde; als er einen unglücklichen Krieg
mit den Holländern fürete: so wurde die Zuneigung zu diesem königlichen Hause immer kälter;
und wenn man ia in Engelland den Tod dieses
Königes, der im Jar 1685 erfolgte, beseuf-
zete, so geschahe es doch mehr darüber, daß er
keinen bessern Nachfolger hinterließ.

Jacob der Zweite, der Bruder des vorigen, trachtete die papistische Religion einzufüren, und die Englische Freiheit über den Haufen zu werfen. Als nun die Tyranney gar zu unerträglich wurde, ließ sich der Prinz von Oranien, und Statthalter der vereinigten Niederlande, Wilhelm, der eine Tochter Jacob des Zweiten zur Gemalin hatte, erbitten, daß er mit einer holländischen Flotte nach Engelland gienge. Jacob nam alsobald seine Zuflucht nach Frankreich, im Jar 1688, und hat Engelland nie wieder gesehen, so sauer es sich auch Frankreich werden ließ, ihn wieder einzusetzen.

Wilhelm der Dritte, nebst seiner Gemalin Maria, hat seine meiste Zeit mit dem Kriege wider Frankreich zugebracht, und sturb 1702.

Anna, die zweite Tochter Jacob des Zweiten, hatte zwar einen Dänischen Prinzen, Georg, zum Gemal, der aber nie den königlichen Namen bekommen hat. Sie fürete den Krieg mit Frankreich glücklich fort, bis sie endlich zu Utrecht einen gar vortheilhaften Frieden schloß. Sie brachte Gibraltar und Minorca an die Krone Engelland: sie vereinigte Schottland auf ewig mit Engelland, und beide Königreiche heissen nun mit einem Worte Groß-Britannien: sie war zuletzt willens, dem vorgegebenen Sone Jacob des Zweiten einen Weg zur Krone zu bereiten; sie starb aber anno 1714.

George

George der Erste, Kurfürst von Hannover, wurde, vermöge eines Schlußes des Parlamentes, König von Groß-Britannien, weil er von einer Tochter König Jacob des Ersten abstammete; und kam glücklich zum Besitze des Thrones. Er war ein weiser Fürst, der seinem Reiche wol vorstunde, und den Prätendenten, das ist, den vorgegebenen Son Jacobs des Zweiten, an allen Unternemungen verhinderte. Er sturb 1727.

George der Zweite, des vorigen Son, gleichfals ein weiser und entschlossener Fürste, der einen überaus glücklichen Krieg zu Wasser und Lande wider Frankreich und Spanien fürete, das Ende desselben aber nicht erlebete. Er sturb 1760, den 25. October, im hohen Alter.

George der Dritte, ein Enkel des vorigen, hat den Frieden mit Frankreich und Spanien geschlossen, und sich mit einer Prinzeßin aus dem Hause Meklenburg-Strelitz vermälet.

134. Wie ist der Zustand in dem heutigen Groß-Britannien?

Wie gesaget, die königliche Gewalt ist in so ferne eingeschränket, daß keine willkürliche Herrschaft statt findet, sondern alles nach den Landes-Gesetzen gehen muß. Die Macht, Gesetze zu geben, und Geld-Auflagen auszuschreiben, ist bey dem Parlamente: der König aber muß zu allen Gesetzen erst seine Bewilligung geben, wenn sie gültig seyn sollen. Der König hat auch die

Macht, ein Parlament zu trennen, und ein
andres zu berufen: die Glieder des Oberhauses
sind durch ihre Geburt, oder durch ihre bischöf-
liche Würde, schon bestimmet; die Glieder des
Unterhauses aber werden von den Städten und
Kreisen durch die meisten Stimmen ihrer Städte und Kreise dazu erwelet. Die Handlung blü-
het in Groß-Britannien, so daß dieses Land für
das reicheste in Europa geachtet wird: die See-
Macht, die Gelersamkeit, die Künste, gehören
da recht zu Hause. Vor einiger Zeit waren zwey
Staats-Parteien, davon die eine mit dem Englischen Namen die Torys, die andre die Wighs,
genennet wurde: die erstere Partei war für die
Gewalt und Macht der Könige, die zweite für
die Freiheit des Volkes: aber unter den weisen
Regierungen der Könige aus dem Hause Hannover, sind diese Parteien meist verschwunden.
In Religions-Sachen hat ein ieder in diesem Reiche seine Gewissens-Freiheit: doch sind die Papisten von Staats- und andern Bedienungen
durch die Gesetze ausgeschlossen.

135. Wie kann die Französische Historie eingetheilet
werden?

Hier stellet man sich am bequemsten drey Perioden vor: die Erste begreifet die Zeit vor den
Römern; die Zweite die Zeit unter den Römern; die Dritte die Zeit unter den Fränkischen Königen.

136. Wie

136 Wie war der älteste Zustand, vor der Zeit der
    Römer, in Gallien beschaffen?

Die alten Gallier wurden unter die kriege:
rischesten Völkerschaften in der alten Welt gerechnet.   Man findet Nachrichten, daß sie in
Griechenland Einfälle gethan;   daß sie in Asien
ein Land in Besitz genommen, welches Gala-
tien von ihnen benennet worden;   daß sie in dem
Obern Italien sich feste gesetzet, welches daher
bey den Römern Gallien dießseit der Alpen
hieße, daß sie Rom eingenommen und verbrennet gehabt.   In dem alten Rom, ehe es eine
so weite Herrschaft auf Erden behauptet hatte,
war der Name der Gallier gefürchtet, so, daß
alsdenn niemand Befreiung von Krieges-Dien-
sten hatte, wenn es hieße, die Gallier drohe-
ten mit einem Ueberfalle.   Im übrigen war
doch das Land, nach Art der alten Welt, in
viele kleine Staaten zertheilet, die immer kleine Kriege unter sich hatten, und selten recht zusammen hielten.   Daher war es nachher dem
großen Julius Cäsar leicht, einen von diesen
Staaten nach dem andern unter sich zu bringen,
als er mit römischer Krieges-Kunst und Tapfer-
keit sie angriff.

137. Und unter den Römern?

Gallien hat, von der Zeit des Julius Cae-
sar an, bey nahe fünfhundert Jare lang unter
römischer Herrschaft ziemlich glücklich sich be-
funden.   Die römischen Gelersamkeiten und
Sitten fanden da am ersten Platz.   Aber zur

Zeit des Kaisers Honorius kamen fremde Völker nach Gallien: und unter denen waren die
Franken die vornemsten, die auch diesem einge-
nommenen Lande den Namen Frankreich gegeben
haben.

**138. Wie lange hat dieses Land unter Fränkischen
Königen gestanden?**

Mit einem Worte, vom ersten Fränkischen
Könige an, bis auf den heutigen Tag, welches
eine Zeit von mehr als vierzehendehalb hundert Jaren ausmachet. Und diese lange Zeit
theilet man nach den Familien der Könige ein,
die darinnen regieret haben: und solcher Familien sind Fünfe.

139. Welches war die Erste Familie?

Der Erste Fränkische König hieß Phara-
mund, vom Jar 424 an. Doch drunge weder der, noch sein Nachfolger Clodion, bis in
das innere von Gallien: aber Merovdus gieng
weiter, und von dem nennet man diese Familie die Merovingischen Könige. Unter diesen Königen ist Clodovdus oder Ludewig der
Erste der berümteste, der bey nahe ganz Gallien eroberte, und die christliche Religion annam. Der lezte aus dem Merovingischen
Hause hieß Childerich: den stieß sein Ober-
Hofmeister oder Major domus, Pipinus, ins
Kloster, und sezete sich auf den Thron. Denn
bald nach Ludewig dem Ersten legeten sich diese
Könige auf die faule Seite, und liessen diese
ihre Obersten-Gehülfen die Regierungs-Geschäfte
besor-

beſorgen: bis ſie darüber endlich den Beſiß der
königlichen Würde verloren.

140. Welches war die Zweite Familie?

Man nennet ſie die **Carolingiſchen** Könige,
von **Carl** dem Großen, dem Sone des vorgedachten **Pipinus**: und dieſe Familie hat in Frankreich
von 761 bis auf 987 regieret. Die vornemſten
Könige waren

Carl der Erſte oder Große, eroberte in Italien
das Longobardiſche Königreich, und fürete den da-
ſigen lezten König Deſiderius nach Frankreich in
ein Kloſter. Mit den **Sachſen** in Deutſchland,
und deren Könige **Witekind**, hatte er einen lang-
wierigen und blutigen Krieg: in welchem er endlich die Oberhand behielte, die Sachſen zu An-
nemung der chriſtlichen Religion bewegete, und
zugleich Herr von Deutſchland wurde. Das römiſche Volk rief ihn, als er zu Rom war, im Jar
800 zum römiſchen Kaiſer aus. Er ſturb anno
914, nachdem er das Fränkiſche Reich auf den
höchſten Gipfel ſeiner Kräfte gebracht.

Ludewig der Fromme, des vorigen Son, erlebete ſchon eine merkliche Abname der Fränkiſchen
Kräfte: und nach ſeinem Tode, im Jare 840, theileten ſich ſeine drey Söne in die Lande, woraus einige blutige Kriege erfolgeten. Die kaiſerliche
Würde kam endlich an die Deutſchen. Der
lezte Carolingiſche König hieß **Ludewig** der Trä-
ge, der im Jar 987 ins Kloſter gehen muſte.

141. Was für eine dritte Familie folgete hierauf?

Ein Grafe zu Paris, **Hugo**, mit dem Zunamen,

J 4   **Cape-**

Capetus, bekam die Fränkische Krone; und seine Nachfolger heissen daher die Capetingischen Könige. Es waren damals in Frankreich viele mächtige Grafen und Fürsten, denen diese Familie viel nachgeben muste: bis mit der Zeit alle solche Landschaften mit der Krone vereinigt, und die Könige in die alleinige Oberherrschaft gesetzet, wurden. Die Normannen aus Norwegen hatten sich seit 911 auf den mitternächtlichen Küsten von Frankreich feste gesetzet, und errichteten nach und nach ein wichtiges Herzogthum, die Normandie, wozu Bretagne und einige andre benachbarte Provinzen kamen. Sonst aber waren, zur Zeit dieser Familie, die Kreuz-Züge in das sogenannte heilige Land, Mode; dergleichen König Ludewig der Siebende, Philipp der Zweite, und Ludewig der Neunte oder der Heilige, mit schlechtem Vortheile gethan haben. Philipp der Vierte oder der Schöne, vertilgete den reichen Orden der Tempel-Herren mit vieler Grausamkeit: und sein Son Carl der Vierte war der lezte König aus dieser Familie, im Jar 1327.

142. Welches war die Vierte Familie?

Philippus, Herzog von Valois, ein Bruders-Son des Königes Philipp des Vierten, behauptete den Thron wieder den Englischen König Eduard den Dritten, der ein Tochter-Son des gedachten Französischen Königes war, und daher ein näher Recht zur Nachfolge zu haben schiene. Es entstund darüber der langwierige Englische Krieg in Frankreich. Von diesem Philipp von

Va-

Valois heissen seine Nachfolger die Valesischen Könige, die von anno 1327 bis 1588 den Französischen Thron besessen haben. Die Reihe dieser Könige ist diese.

Philipp der Sechste, der Erste Valesische König, war unglücklich wieder die Engländer, und verlor unter andern Calais; behielte aber dennoch die Krone, und bekam das Herzogthum Delphinat von dessen leztem Besitzer vermachet, mit dem Bedinge, daß der Kron-Prinz von Frankreich der Delphin oder Dauphin heissen solle. Er sturb 1350.

Johann, war noch unglücklicher wieder die Engländer als sein Vater, wurde gefangen, und auf harte Bedingungen wieder los gelassen; da inzwischen sein Son sich doch wieder die Ober-Macht der Engländer behauptete. Er sturb 1364.

Carl der Fünfte, mit dem Zunamen der Weise, war glücklich wieder die Engländer, mit denen er sich in keine Feld-Schlacht einließ, sondern sie mit List schwächete, und bey nahe ganz Frankreich zu verlassen nöthigte. Er sturb 1380.

Carl der Sechste, kam von Verstande: daher entstund ein elender Zustand im Lande. Die Großen waren uneinig, wer die Regierung im Namen des kranken Königes füren solle: der König von England, Heinrich der Fünfte, heirathete die Französische Prinzeßin Katharina, und wurde Vormund des blöden Königes, mit dem Bedinge, nach dessen Ableben wirklicher König von Frankreich zu werden. Aber Carl, der im

J 5   Jar

Jar 1422 ſturb, hatte ihn überlebet: und der Dau=
phin bemächtigte ſich der Krone. Carl der Siebende, fand zwar, bey Antritt
ſeiner Regierung, wenig für ſich: es kam ihm aber
ein Lothringiſch Mägdchen zu Hülfe, die vor=
gab, ſie ſey bevollmächtiget von Gott, die Eng=
länder aus Frankreich zu vertreiben. Unter ih=
rer Anfürung wurden dieſe auch wirklich bey Or=
leans geſchlagen, daher dieſe Jungfer insgemein
das Mägdchen von Orleans genennet zu wer=
den pfleget. Die Engländer bekamen ſie das
Jar darauf gefangen, und verbrannten ſie als
eine Heye: gleichwol konnten ſie ſich unter ihrem
minderiärigen Könige nicht länger behaupten, und
muſten Frankreich verlaſſen. Carl ſturb 1461.
und deſſen Nachkommen, die mit keinem ſo ge=
färlichen Feinde ferner zu kämpfen hatten, huben
nach und nach ihr Haupt höher empor.

Ludewig der Eilfte, ein überaus liſtiger Kö=
nig, wuſte ſich bey Antritt ſeiner Regierung wie=
der einige innerliche Feinde künſtlich zu behaupten;
und legete nachher den Grund zur unumſchränke=
ten Herrſchaft. Die vornemeſten Hof=Bedienten in
England beſtach er, daß ſie ihrem König von allen
Abſichten wieder Frankreich abrathen ſolten: hub
aber ihre Qvitungen wegen empfangenen Geldes
ſorgfältig auf. Er bediente ſich zu ſeinen wichtig=
ſten Geſchäften der geringſten, aber geſchickteſten,
Leute; damit er die Großen von Regierungs=Sa=
chen entfernen möchte. Vor dem ſterben fürchtete
er ſich auf eine lächerliche Art, ſturb aber doch im
Jar 1483. **Carl**

Carl der Achte, wolte Neapolis erobern, ma=
chete auch, durch Hülfe der Schweizer, anfangs
großen Fortgang: denn in Italien war man bis=
her gewonet gewesen, ohne Blutvergießen zu strei=
ten; die Schweizer hingegen hieben unbarmher=
zig ein. Aber zuletzt fasseten auch die Italiäni=
schen Fürsten andre Maasregeln; und Carl verlor
das Neapolitanische bald wieder. Er sturb 1498.

Ludewig der Zwölfte, gieng gleichfals nach
Italien: aber im Neapolitanischen war nichts
auszurichten, hingegen im Mailändischen suchete
er sich feste zu setzen. Sein größester Feind war
der kriegerische Pabst Julius der Zweite, der die
Franzosen durchaus nicht in Italien dulden wollte.
Dieser König war sonst ein Herr von großen Ei=
genschaften; und sturb 1515.

Franz der Erste, ein großer Förderer der Ge=
lersamkeit. Er hat, Zeit seiner Regierung, fast
immer Kriege mit dem damaligen Kaiser Carl dem
Fünften zu füren gehabt; und ob er zwar ins=
gemein den kürzern zog, so hinderte er doch da=
durch diesen mächtigen Kaiser, daß er weder dem
deutschen Reiche, noch dem übrigen Europa, gar
zu gefärlich werden konnte. Er sturb 1547.

Heinrich der Zweite, machte mit den Prote=
stanten in Deutschland ein Bündniß, und nam die
Orte, Metz, Tull, Verdün, weg. Der Kaiser Carl
der V. gieng zwar mit einer großen Macht vor
Metz, konnte es aber nicht wieder erobern; und aus
Verdruß legte er die Regierung gar nieder. Der
König in Spanien, Philipp der Zweite, Carls

Son, war glücklicher, und schlug die Franzosen bey Sanct Qvintin; worauf ein Friede erfolgete. Heinrich bekam in einem Lust-Gefechte einen unvorsichten Stich ins Auge, daran er anno 1559 sterben muste.

Franz der Zweite, ein kränklicher Herr. Daher entstunden innerliche Unruhen. Die königliche Mutter Katharina aus dem Florentinischen Hause Medices, wolte die Regierung an sich ziehen; und viele Große setzeten sich darwieder. Die Reformirte Religion breitete sich auch schon weit aus in Frankreich; woraus gleichfals Unruhen erwuchsen. Der kranke König sturb 1560.

Carl der Neunte, des vorigen Bruder, annoch minderjärig; daher seine Mutter, die vergedachte Katharina, Vormünderin wurde. Weil die Papisten es nicht leiden wolten, daß iemand etwas anders für Warheit halten solte, als was sie glaubeten: so entstunden nach und nach fünf innerliche Kriege wieder die Reformirten, die man in Frankreich die Hugonotten nennete. Als des Königes Schwester Margaretha mit dem Prinzen Heinrich von Navarra, der reformiret, und der nächste Erbe künftig von Frankreich, war, vermälet wurde; lud man die vornemsten Hugonotten zu dieser Hochzeit: und in der Bartholomäi Nacht 1572, und den folgenden Tag, wurden alle diese Gäste in Paris ermordet; welchem Exempel andre Städte nachfolgeten. Man nennet das die Parisische Blut-Hochzeit, die ein ewiger Vorwurf wieder die Papisten bleiben wird. Gleichwol waren

die

die Hugonotten dadurch nicht vertilget. Der König wurde vom Gewissen geqvälet, und ſturb 1574.

Heinrich der Dritte, des vorigen Bruder, war
bisher König in Polen geweſen; entwich aber
heimlich aus Polen, als er den Tod ſeines Bruders
hörete, und kam nach Frankreich. Er ließ ſeine
Mutter Katharina regieren, die in den Geſchich-
ten ein Muſter einer liſtigen und grauſamen Prinzeßin iſt. Es entſtunden aus dieſem Regimente
innerliche Unruhen; die Spanier miſcheten ſich in
dieſelben: in Frankreich macheten die Großen ein
Bündniß, das die heilige Liga hieß: Paris wolte
dem Könige nicht gehorchen. Bey dieſer Unruhe
zog der König den Navarriſchen König Heinrich,
der überdem ſein Erbe war, an ſich, und belagerte
durch Hülfe der Hugonotten Paris. Ein Domi-
nicaner-Mönch, Namens Jacob Clemens,
gieng aus der Stadt ins Lager, und erſtach den
König von Frankreich mit einem Meſſer, im Jar
1588. Und hiermit war die Valeſiſche Familie
erloſchen.

143. Welches iſt nun die Fünfte Familie?

Man nennet ſie die von Bourbon, und ſie
war weitläufig mit dem Valeſiſchen Hauſe verwandt. Vom Jar 1588 bis auf dieſen Tag, haben nur Vier Könige aus dieſer Familie regieret.

1) Heinrich der Vierte, geborner König von
Navarra, war mit im Lager, als Heinrich der
Dritte ermordet wurde; und konnte alſo gleich Be-
ſitz von der Erbſchaft nemen. Weil er reformiret
war, ſo wolte die Stadt Paris, und die römiſche
Geiſt-

Geiſtlichkeit, und die heilige Liga, nichts von ihm
wiſſen. Es kam alſo zum innerlichen Kriege, und
er trieb ſeine Widerſacher, durch treuen Beiſtand
ſeiner Hugonotten, ziemlich in die Enge. Endlich, als er ſahe, daß des Blutvergießens und
Raubens doch ſo leicht kein Ende werden könne:
bekennete er ſich zur papiſtiſchen Kirche. Alſobald
fiel ganz Frankreich ſeinem rechtmäßigen Könige
bey, und die innerlichen Unruhen waren geſtillet.
Er gab den Reformirten zum Beſten im Jar 1598
das **Edict von Nantes**, darinn ihnen die Reli-
gions = Freiheit verſichert wurde. Zulezt wurde
dieſer große und lobwürdige König, auf der Straße
zu Paris, in ſeinem Wagen, von einem Franz Ra-
vaillac, im Jare 1610 mit einem Meſſer erſtochen.

Ludewig der Dreizehende, war 9 Jare alt, als
ſein Vater ermordet wurde. Der Cardinal **Ri-**
chelieu beſorgete aber die Regierung mit ſolcher
Klugheit, daß die Franzöſiſche Macht nicht wenig
erhöhet wurde. Mit den Hugonotten gab es ſchwere Kriege, und es wurde ihnen zwar das vorgedachte Edict beſtätiget, aber die beſten Feſtungen wurden ihnen genommen. Der König ſturb 1643.

Ludewig der Vierzehende, pfleget der Große
zubenamet zu werden, wegen der vielen Kriege, die
er meiſt glücklich ausgeführet, und wegen der vielen
Eroberungen, mit denen er Frankreich vergrößert.
Er ließ ſich von ſeinen Geiſtlichen bereden, das Edict
von Nantes im Jar 1685 zu wiederrufen, und die
Hugonotten zu verfolgen: von denen viele nach
Deutſchland, Holland und Engelland, und in die
Schweiz,

Schweiz, flüchteten. Die Gelersamkeit stieg zu
seiner Zeit in Frankreich auf einen hohen Grad.
In seiner Jugend hatte der Cardinal Mazarin
das Staats=Ruder klüglich besorget. Der König
sturbe in hohem Alter anno 1715.

Ludewig der Funfzehende, ein Ur=Enkel des
vorigen, war fünf Jare alt, als sein Ober=Gros=
vater sturbe, daher fürete der Herzog von Orleans,
Philipp, die Vormundschaft. Nachher leistete
der Cardinal Fleury gute Dienste. Es sind auch
unterschiedene Kriege in Deutschland, und wider
Gros=Britannien, gefüret worden: und der lez=
tere mit schlechtem Vortheile für Frankreich.

144. Wie war der politische und Religions=Zustand
unter allen diesen Königen beschaffen?

Unter dem Namen des Fränkischen Königrei=
ches waren zwar die Lande begriffen, die auch heuti=
ges Tages darunter begriffen werden: aber es wa=
ren viele Herzoge und Grafen in diesen Landen, die
viel eher Schutz=Verwandte oder Lehn=Männer,
als Unterthanen, heissen konnten. Denn so oft
eine Provinz einem Prinzen des königlichen Hau=
ses, oder sonst einem verdienten Manne, verliehen
wurde: so golte das zugleich auf die Nachkommen
desselben; und der wenigste Theil des Reiches war
dem Könige unmittelbar unterworfen. Aber heu=
tiges Tages sind alle dieselben Provinzen wieder
mit der Krone vereiniget; und die heutigen Titel
von Herzogen oder Grafen sind nichts als Titel, die
vom Könige gewissen Land=Gütern beygeleget wor=
den. Vor Zeiten war auch die königliche Gewalt
durch

durch die Geſetze eingeſchränket: aber ſeit **Ludwig**
den Eilften wurden dieſe Schranken nach und
nach alſo erweitert, daß heutiges Tages die Stände dem Willen des Königes ſchlechterdings gehorchen müſſen. Die reformirte Religion hatte
ſich in Frankreich ſo weit ausgebreitet, daß ſie bey
nahe mit der papiſtiſchen im Gleichgewichte ſtunde:
aber unter Ludewig dem Dreizehenden wurde ſie
entkräftet, und unter Ludewig dem Vierzehenden
gänzlich vertilget, alſo daß heutiges Tage alleine
die römiſche Religion in Frankreich herrſchet. Die
Gelerſamkeit iſt in dieſem Lande in ziemlichem
Flore, ſonderlich zu Paris.

145. In wie viele Perioden läſſet ſich die **Däniſche**
Hiſtorie abtheilen?

In Fünf Perioden. Die **Erſte** faſſet die
heidniſchen Könige in ſich: die **Zweite** die chriſtlichen Könige **vor der Vereinigung** der drey
Nordiſchen Kronen: die **Dritte** fänget von dieſer
Vereinigung an, und endet ſich mit der **Trennung**
dieſer Kronen: die **Vierte** fänget nach der **Tren-**
nung mit der **Kirchen-Reformation** in Dännemark an, und gehet bis auf die **Veränderung der**
Regierungs-Forme: und die **Fünfte,** von dieſer Veränderung bis auf den heutigen Tag.

146. Wie viele Jare faſſet die **Erſte** Periode in ſich?

Dieſe Frage wird verſchiedentlich beantwortet,
und man hat dreierley Meinungen: die **Erſte**
Meinung hat der Däniſche Geſchichtſchreiber
Saxo Grammaticus aufgebracht, der den König **Danus** als den Stifter dieſes Königreiches
angie-

angiebet, kurz vor Erbauung der Stadt Rom.
Die Zweite Meinung heiſſet die Gothländiſche
und nach derſelben iſt dieſes Königreich weit älter:
denn Nicolaus Petreius, der Urheber dieſer Meinung, holet die Däniſchen Könige aus der Arche
Noah her. Er gründet ſich auf einige Gothländiſche Denkmale: aber heutiges Tages wird dieſe
Meinung als eine Erdichtung verworfen. Die
Dritte heiſſet die Isländiſche, die ſich durch einige Isländiſche Denkmale zu behaupten ſuchet.
Nach derſelben iſt Skiold um die Zeit der Geburt
Chriſti der erſte Däniſche König geweſen. Es
hat zwar auch dieſe Meinung ihre vielen Zweifel,
wie ich in meiner ausfürlichen Däniſchen Hiſtorie
gezeiget habe: gleichwol iſt ſie die warſcheinlichſte
unter dieſen dreien.

147. Wie heiſſen die merkwürdigſten Könige in dieſer
Erſten Periode?

Skiold, Othins Son, der Erſte Däniſche König, von deſſen Namen die Nachfolger Skioltun-
ger heiſſen.

Frotho, der mächtigſte König in dieſer Periode, und zugleich der größeſte Geſetzgeber. Er
hat den Beinamen der Friedfertige.

Gormo, zu deſſen Zeiten die chriſtliche Religion
zu erſt ſoll in Dännemark bekannt geworden ſeyn.

Gottfried, der einen Krieg mit Carl dem Groſ-
ſen gefüret hat.

Harald, unter deſſen Regierung viele Dänen
den chriſtlichen Glauben angenommen haben.

Sveno, ein großer Feind der Chriſten. Er

brach-

brachte einen großen Theil von Engelland unter
sich. Er wurde von Einwonern der großen Stadt
Julin in Pommern gefangen: die Dänischen
Frauen kaufeten ihn mit ihren güldenen Halsket-
ten und andern Juwelen wieder los. Dafür
machete er aus Erkentlichkeit das Gesetz, daß die
Frauen in der Erbschaft mit den Männern in
gleiche Theile gehen solten.

148. Wie stund es in Dännemark unter diesen Königen?

Die Dänen legeten sich fürnemlich auf die See-
Räuberey, und suchten darinnen eine Ere; um
den Ackerbau bekümmerten sie sich nicht. Kam ein
Brodt=Mangel ins Land, so zogen ganze Schwar-
me aus: und auf solche Weise überschwemmeten sie
Europa unter dem Namen der Cimbrier, Gothen,
Longobarden, Angel-Sachsen und Normannen.
Es gab wenig geschriebene Gesetze: die Strei-
tigkeiten wurden durch Zweikämpfe, oder durch
Angreifung eines glüenden Eisens, ausgemachet.
Der königliche Sitz hieß Leire auf der Insel See-
land: daher heissen die alten Dänischen Könige in
manchen alten Schriften Könige von Leire oder
von Lethra. Von freien Künsten wuste man da-
mals nicht: man bedienete sich der Runen, oder
der Runischen Zeichen; wiewol von andern die
Gothischen Zeichen für älter geachtet werden.
Ihre vornemste Gottheiten hiessen Othin, Thyr,
Thor, Freia.

149. Wie viele Jare hat die zweite Dänische Periode?

Es fängt diese Periode vom Jar Christi 1014 an,
und gehet fort bis 1387: und das sind 373 Jare.

150. Welche

150. Welche waren da die merkwürdigsten Könige?

Kanut der Große, König von Dännemark, Norwegen und Engelland. Denn Engelland eroberte er mit Gewalt, Norwegen brachte er durch Klugheit und Geld unter sich. Doch haben die Dänen nicht gar lange in Engelland geherrschet: denn unter Kanuts Enkel, Harde Kanut, entzog sich ihnen dasselbe Land.

Magnus, mit dem Zunamen der Gute, schlug die Vandalen, die in Dännemark einbrechen wolten, zurück. Er gab auch das Norwegische Recht, das in der Landes-Sprache Graa-Gaasen heisset.

Sveno Estrit, wird wegen seiner Gelehrsamkeit und guten Sitten überaus gelobet. Nach ihm haben seine Sechs Söne, einer nach dem andern, regieret, unter denen Kanut und Erich die berümtesten sind.

Kanut der Zweite, war ein so großer Freund der Geistlichen, daß er ihnen die Zehenden aus dem ganzen Königreiche geben ließ. Das wolten die Jütländer in die Länge nicht leiden, und erschlugen den König zu Ottensee auf der Insel Fünen, dahin er vor den Rebellen geflohen war. Er hatte die Bischöfe und andre Geistliche, zu den höchsten Reichs-Würden erhoben: dafür zeleten diese ihn nach seinem Tode unter die Heiligen, und zu Ottensee ist bis diesen Tag eine Kirche des heiligen Kanut.

Erich, mit dem Zunamen der Gute, eroberte die große und reiche Stadt Julin; reisete darauf nach Jerusalem, und sturb auf der Insel Cypern.

K 2   Zu

Zu seiner Zeit entzogen sich die Dänischen Kirchen
dem Erz-Bischofe zu Bremen, und bekamen ihren eigenen Erz-Bischof.

Waldemar der Erste, mit dem Zunamen der
Große. Nach dem Absterben des ieztangefürten
Erich, war Dännemark voll innerlicher Unruhen
und Kriege; bis auf diesen Waldemar, der alles
wieder in Ordnung brachte. Durch Hülfe seines
Erz-Bischofs Absalon brachte er Rügen unter
sich; er zerstörete das wiederspenstige Julin; er
soll auch den Grund zu der Stadt Danzig geleget
haben. Nicht weniger war er ein guter Gesetzgeber. Er sturb 1181. Zu seiner Zeit hat der vorgedachte Absalon den Anfang gemachet, Kopenhagen anzulegen, welche Stadt nun die Residenz ist.
Gleichfals zu seiner Zeit erhub sich der Dänische
Adel, und formirete einen besondern Reichsstand.

Kanut der Sechste, besaß durch Begünstigung
der Waffen einen großen Theil von Nieder-Sachsen,
nebst Hamburg und Lübeck: er erhielte auch zur See
einen wichtigen Sieg über die Vandalen in Pommern, also daß deren Fürsten seine Lehns-Männer
wurden. Seine Schwester Ingeburgis war an
den König in Frankreich Philipp August vermälet:
der verstieß sie, und darüber entstund ein heftiger
Streit, und der Pabst that ganz Frankreich deßhalb
in den Bann. Unter diesem Könige lebeten einige
große Gelerte; der vorgedachte Absalon, eine große
Zierde seiner Zeit; Saxo Gramaticus, der eine
Dänische Geschichte lateinisch geschrieben; Sveno
Agginos, Wilhelm Abbas, und noch einige andre.
Wal-

Waldemar der Zweite, mit dem Zunamen der Siegreiche, hat, auſſer Dännemark, auch Liefland, Kurland, Preußen, Pommern, Meklenburg, Holſtein, Stormarn, Ditmarſen, nebſt einem Theile der Mark Brandenburg, unter ſeiner Herrſchaft gehabt. Aber Heinrich, ein Grafe von Schwerin, bekam ihn mit Liſt gefangen, und hielt ihn drey Jare lang gar hart verwaret: binnen welcher Zeit das eroberte alles wieder verloren gieng. Und als er endlich auf ſchwere Bedingungen losgelaſſen worden, und er darauf das verlorne wieder erobern wolte; wurde er bey Bornhoven geſchlagen, und muſte im Frieden alles im Stiche laſſen. Er hat unterſchiedene noch ietzo übliche Geſetze gegeben; er hat die Angreifung eines glüenden Eiſens verboten, und befolen, daß die Urteile auf tüchtiger Zeugen Auſſage abgefaſſet werden ſolten. Er ſturb 1242.

Erich, dieſes Waldemars Son, bekam den Zunamen Plogpennig, weil er einen Tribut auf die Pflüge legete. Er hatte vielen Streit mit ſeinen Brüdern; deren Einer, Abel, ihn im Jar 1250 erſchlug.

Abel, fürete einen unglücklichen Krieg mit den Frieſen, und blieb im Jar 1252.

Chriſtoph, gleichfals einer von den Brüdern Erichs. Er nam den Erzbiſchof von Lund, Jacob Erland, wegen ſeines Uebermuthes gefangen, und reizete dadurch alle ſeine Geiſtlichen im Lande wider ſich. Zuletzt wurde er von einem Biſchofe im heiligen Abendmale vergiftet.

Erich

Erich Glipping, hatte diesen Zunamen, weil er immer mit den Augen blinkete. Er wurde durch Meuterey im Jar 1286 ermordet.

Erich Mendvede, hatte diesen Beinamen von dem Dänischen Wörtchen Mend, welches er immer hinzu setzete, wenn er was bejahéte oder verneinete. Man rechnet ihn unter die verständigsten und besten Könige in Dännemark. Er bekam gleichfals Händel mit dem Erzbischofe zu Lund, Johann Grand, den er lange gefangen hielte; endlich zwunge ihn der Pabst mit seinem Banne, den Gefangenen loszulassen, und den Pabst zu versönen. Er soll, aus den Archiven des Reiches, Sammlungen zur Dänischen Historie ausgezogen haben, die man Mendvedens Sammlungen genennet. Er sturb 1319.

Christoph der Zweite, ein gar unglücklicher König, sonderlich mit den Grafen von Holstein. Von denen wurde er zulezt verjaget, und er sturb 1353. Indessen hauseten diese Grafen gar übel im Lande, bis endlich Christophs Son, Waldemar, der am kaiserlichen Hofe erzogen wurde, von den Ständen ins Königreich gerufen wurde.

Waldemar der Dritte, brachte Dännemark wieder in guten Stand, und die Holsteiner wurden theils mit Gewalt, theils mit Gelde, beruhiget. Schonen gewann er von dem Schwedischen Könige Smeck mit List: Esthen verkaufete er den deutschen Rittern für achtzehn tausend Mark sein Silber; und dieses Geld verthat er größtentheils auf einer Reise ins Jüdische Land. Er verheirathete

-thete feine Tochter Margareta an den Erben von Norwegen, Haqvin, und legte dadurch den Grund zur folgenden Vereinigung. Er hatte schwere Kriege mit dem Hanſeatiſchen Bunde, und ſturb 1375.

Olaus, König von Norwegen und Dänne-mark, ein Son der Margareta und des Haqvins, ſtarb iung 1387, und mit ihm endet ſich die Zweite Periode.

151. Was war alſo für ein Zuſtand in Dännemark zur Zeit der Zweiten Periode geweſen?

Da Dännemark nie, weder den Römern noch den Fränkiſchen Monarchen, unterworfen geweſen, und alſo auch die folgenden deutſchen Kaiſer kein Recht daran gehabt: ſo ſcheinet es ziemlich gewalt-thätig geweſen zu ſeyn, daß die deutſchen Kaiſer Otto der Erſte und Friedrich der Erſte, die Dä-niſchen Könige zu einem Huldigungs-Eide haben zwingen wollen. Uebrigens hat das Anſehen der Könige, durch den Hochmuth der Biſchöfe, und durch den ſtarken Adel, in dieſer Periode viel gelit-ten. In dem Staats-Rechte dieſes Königreiches war indeſſen alles ungewiß und unbefeſtiget, ehe die Conſtitution von Calmar unter der folgenden Königin öffentlich kund gemachet worden: denn in derſelben Conſtitution ſind die Gerechtſame ei-nes ieden Standes und einer ieden Staats-Würi-de feſte geſetzet. Die Gelerſamkeit war zwar nichts allgemeines in dieſen Zeiten, aber ſie war doch auch nicht ganz erloſchen. Die Zeiten der Waldemare hatten manchen Mann, der was rechts gelernet ge-

K 4   habt.

habt. Die Kirchen-Sachen stunden unter der
Ober-Aufsicht der Bremischen Erz-Bischöfe, auch
zum Theil der Hamburgischen Bischöfe; bis endlich zu Lund in Schonen ein Erz-Bischofthum entstunde, dem alle Nordische Bischöfe untergeordnet
waren.

152. Wie viele Zeit begreifet die Dritte Periode?

Etwa 150 Jare, vom Anfange der Regierung
der Königin Margareta, das ist, von anno 1387,
an, bis auf die Vertreibung Christian des Zweiten, das ist, bis auf anno 1523.

153. Welches sind die Monarchen gewesen, die über
den ganzen Norden geherrschet haben?

Margareta, diese Nordische Semiramis, erbete Dännemark; bekam Norwegen mit ihrem
Gemal, der aber, so wie sein Son Olaus, bald
sturbe; und Schweden eroberte sie mit dem
Schwerdt: und also wurde sie die Beherrscherin
aller drey Kronen. Ja in der Reichs-Versamm-
lung zu Calmar wurde, nebst andern gemacheten
Ordnungen, feste gestellet, daß die drey Kronen beständig beysammen bleiben solten. Es regierete
diese kluge Königin bis an ihren Tod 1412.

Erich aus Pommern, ein Schwester-Tochter-
Son der Königin Margareta, war bey Lebzeiten
der Königin schon zum Mit-Regenten angenommen worden. Er fürete lange, und meist unglücklich, einen Krieg mit den Holsteinern, und mit
dem Hanseatischen Bunde: die Schweden kün-
digten ihm zulezt auch den Gehorsam auf. Er
wurde der Regierung müde, und entwich auf die
Pom-

Pommerschen Küsten; alwo noch viele Jare lang
unter seinem Namen Seeräuberey getrieben wurde. Diese See-Räuber auf der Ost-See waren damals eben so mächtig und grausam, als vor alten
Zeiten die Askmänner gewesen waren. Die
Dänen weleten einen neuen König.

Christoph, aus dem Hause Baiern, regierete
bis anno 1448, und der machete Kopenhagen
zur Residenz.

Christian der Erste, ein Grafe von Oldenburg,
wurde von den Dänen und Norwegern zum König
erwelet: die Schweden aber weleten einen andern,
Karl Kanuts Son. Daraus entstund Krieg:
und als Karl, bey Gelegenheit dieses Krieges, die
Stände und sonderlich die Geistlichen in Schweden, ein wenig zu hart gedrucket hatte; zwang ihn
der Erzbischof von Upsal, Johann, sich der Krone
zu entsagen, und nach Preußen zu weichen. Darauf kam Christian der Erste auch zum Besitz des
Schwedischen Thrones, im Jar 1457. Nach einigen Jaren kam Karl wieder, und Christian wurde bey Stockholm geschlagen, und aus Schweden
getrieben. Bey allen diesen Unruhen hatte Dännemark doch unter diesem Könige einen Zuwachs.
Denn als der Herzog von Schleswig und Graf zu
Holstein Adolph im Jare 1459 unbeerbet sturb,
kam Christian zum Besitze dieser Lande: der Kaiser Friedrich der Dritte belehnete ihn mit Dit-
marsen: der Pabst Sixtus der Vierte, zu dem
er nach Rom gereiset war, gab ihm die gewönlichen
Vollmachten zu Stiftung einer Universität in Ko-

K 5   pen-

penhagen, die auch wirklich im Jar 1478 angeleget wurde. Er sturb 1481.

Johann, erbete von seinem Vater Dännemark und Norwegen. Die Schweden lud er ein,
bey der Calmarischen Vereinigung feste zu bleiben:
diese aber wurden durch ihren bisherigen Statthalter Steno Sture, bey widrigen Gedanken erhalten. Daher gieng Johann mit einem zalreichen Heere nach Schweden, und erhielt einen
Sieg, durch den er sich ganz Schweden anno 1497
unterwarf. Die Ditmarser widersetzeten sich ihm,
und Johann verlor die Schlacht. Darauf fielen
auch die Schweden von ihm ab, die er, wegen eines Krieges mit den Lübeckern, nicht heimsuchen
konnte. Er sturb 1513.

Christian der Zweite, eroberte Schweden, und
suchete alle fernere Unruhen auf einmal zu hem-
men. Er gieng also nach Stockholm, und ließ eine
Anzal vornemer Schweden im Jar 1520 hinrichten; machete aber damit nur Uebel ärger. Denn
die Schweden iageten, unter Anfürung ihres Gustav Erich, alle Dänen zum Lande hinaus. Weil
auch Christian sich durch eine Frau aus Amster-
dam, Siegbritte, deren Tochter des Königes Ne-
ben-Frau war, ganz regieren ließ, und auf deren
Anstiften den Adel zu demüthigen suchete: kündig-
ten die Dänen ihrem Könige gleichfals den Gehorsam auf; und er war genöthiget, mit Weib und
Kind in die Niederlande zu entfliehen. Er kam
wieder nach Norwegen, da wurde er gefangen genommen, und saß bis an sein Ende im Jar 1559.

154. Wie

154. Wie stunden die Sachen unter diesen Monarchen im Norden?

Durch die Vereinigung der drey Kronen schien zwar die Macht im Norden groß geworden zu seyn: aber es schien nur so, weil die beständigen innerlichen Uneinigkeiten, und der Haß zwischen den Dänen und Schweden, alles entkräftete. Vor der Calmarischen Constitution war im Dänischen Staats-Rechte alles ungewiß, daß man aus den Geschichten kaum absehen kann, ob Dännemark ein Wal- oder ein Erb-Reich gewesen; geschweige denn daß man die Rechte der Könige und der Stände zuverläßig wüste. Aber in der gedachten Constitution ist alles feste gesetzet, und die ist die ware Quelle des Dänischen Staats-Rechtes. Was die Kirche betrift, so mischeten sich die Bischöfe und andre Geistliche gar zu sehr in weltliche Geschäfte: und man hat einmal auf dem Schlacht-Felde fünf Bischöfe und sechzig Priester unter den Todten gefunden. Die Erwelung zur geistlichen Würde geschahe vor Alters von dem Volke, und dem Könige kam die Bestätigung der Wal zu: endlich zog der Pabst die Ernennung zu geistlichen Würden an sich, und der Titel, Bischöfe des Apostolischen Stules, kam auf. Diese Bischöfe besaßen große Reichthümer; der zu Rothschild hatte Fünf und Vierzig Lehne unter sich; und oft hatte ein Bischof mehr als hundert Bewafnete zu seiner Bedeckung, wenn er reisete oder auf Land-Tagen erschiene. Die Unwissenheit herrschete im Norden: die wichtigsten Glaubens-Artikel waren diese, daß einem

Geist-

Geiſtlichen nie wieder entzogen werden könne, was
er einmal bekommen habe; und daß die Zehenden
richtig geliefert werden müſten: wer an dieſen Ar-
tikeln zweifelte, der alleine hieß ein Ketzer, und wurde in den Bann gethan: denn andre Ketzereien
konnten, wegen großer Finſterniß, gar nicht ent-
ſtehen.

155. Wie viele Jare hat die Vierte Periode in ſich?

Sie fänget an von der Vertreibung Chriſtian des
Zweiten im Jar 1523, und gehet bis auf die Veränderung der Regierungs-Forme im Jar 1660.

156. Was für Könige haben in dieſer Periode in
Dännemark regieret?

Friedrich der Erſte, Herzog von Holſtein, kam
nach Vertreibnng Chriſtian des Zweiten auf den
Däniſchen und Norwegiſchen Thron. Er erlaubete
vor erſt den Evangeliſchen die freie Religions-Uebung:
und die Macht des Däniſchen Adels kam zu ſeiner
Zeit auf den höchſten Gipfel. Er ſturb 1533.

Chriſtian der Dritte, hatte viel zu kriegen mit den
Lübeckern, die den vertriebenen Chriſtian den Zweiten wieder einſetzen wolten: er ſiegete aber endlich
über Feinde und Rebellen, und ſtellete die Ruhe
wieder her. Darauf wurde die Evangeliſche Lere
öffentlich eingeführet; auch die Univerſität zu Kopenhagen verbeſſert. Es ſturb dieſer vortrefliche König
1559.

Friedrich der Zweite, gieng den Ditmarſern zu
Leibe, und brachte ſie in kurzer Zeit völlig zum Ge-
horſam. Darauf folgete ein Siebeniäriger Krieg
mit Schweden: der ſich durch den Stetiniſchen Frieden

den 1570 zu großem Vortheil der Dänen endigte. Der König sturb 1588.

Christian der Vierte, hatte von 1611 abermal einen zweyjärigen Krieg mit den Schweden, denen er viele Orte wegnam: im Frieden aber gab er, gegen eine Summe Geldes, den Schweden alles wieder. Darauf folgete ein Krieg in Deutschland anno 1623, da er den Protestanten wieder die Tyranney der Papistisch-gesinneten beystunde: er erlitt aber bey Königs-Lutter eine schwere Niederlage, und machete 1629 mit dem Kaiser Friede. Der dritte Krieg entstund wieder mit den Schweden, die anno 1643 aus Deutschland unvermuthet in das Holsteinische einfielen. Mit diesem Kriege sahe es ziemlich gefärlich aus: er ward aber im Frieden zu Bromsebro 1645 auf leidliche Bedingungen geendiget. Dieser vortrefliche König sturb 1648.

157. Wie war der Zustand von Dännemark in dieser Periode?

Es ist alles durch recht weise Gesetze in gute Ordnung gebracht worden: sonderlich aber hat man für die Religion gesorget, daß keine Trennungen in derselben aufkommen können. Gelersamkeit und Kaufmannschaft kamen in großen Flor.

158. Welches sind die Könige in der Fünften Periode?

Friedrich der Dritte, gerieth mit den Schweden anno 1657 in Krieg, in welchem Dännemark aufs äußerste gebracht wurde. Das ganze Königreich war von den Schweden eingenommen, und die Residenz belagerten sie. Im Frieden muste den Schweden,

Schweden, Schonen, Halland, Blekingen, Bahus, Bornholm, abgetreten werden. Aber gleich nach diesem Frieden wurde dem Könige die volle Souverainität von dreien Ständen aufgetragen, und der Vierte, der Adel, muste einwilligen: denn man hatte gesehen, daß die eingeschränkete Regierung in einem kleinen Reiche schädlich sey. Der König sturb 1670.

Christian der Fünfte, erbete Oldenburg und Delmenhorst, und vereinigte es mit der Krone. Er fürete einen glücklichen Krieg mit den Schweden, von anno 1675 bis 1679, da zu Lund in Schonen Friede gemachet wurde. Er sturb 1699.

Friedrich der Vierte, hatte Streit mit dem Hause Holstein, dem die Schweden beystunden, und Kopenhagen belagerten: es dauerte der Streit aber nur ein Jar, so wurde Friede zu Travendal geschlossen. Darauf sorgete dieser König für bessere Einrichtung seiner Landes-Angelegenheiten und seiner Armee. Im Jar 1709 kündigte er den Schweden den Krieg an, der 1720 durch einen vortheilhaften Frieden beschlossen wurde. Der König sturb 1730.

Christian der Sechste, hat in lauter Friede regieret, seine Residenz mit schönen Gebäuden gezieret, die Handlung erweitert, und die Gelersamkeit befördert. Er sturb 1746.

Friedrich der Fünfte, that es seinem Herrn Vater in allem gleich, wo nicht zubor. Er sturb 1766.

Christian der Siebende, ist der ietzo glorreich regierende König.

159. Wie

159. Wie ſtehet es nun heutiges Tages in Dännemark?

Wegen Schweden war Dännemark ehedem im⸗
mer in Unruhe: aber heutiges Tages hat es von
dieſer Seite nichts zu beſorgen. Im Jar 1749
waren dreihundert Jare verlaufen, ſeit dem das
Haus Oldenburg den Däniſchen Thron beſeſſen:
daher ein Jubel⸗Feſt gefeiert wurde.   Dänne⸗
mark iſt fruchtbar an Korn und Vieh, und hat vor⸗
trefliche Pferde. Norwegen iſt zwar hie und da
etwas unfruchtbarer; giebet aber doch viele Waa⸗
ren, die ausgeführet werden können: es hat Vor⸗
rath an Fiſchen, Holz, Thran, Theer, und derglei⸗
chen; es mangelt da auch nicht an Silber⸗ Kupfer⸗
und Eiſen⸗Bergwerken. Daher ſind in Norwe⸗
gen viele Handels⸗Plätze.   Die königliche Ge⸗
walt iſt durch keine menſchliche Geſetze einge⸗
ſchränket.

160. Wie läſſet ſich die Schwediſche Hiſtorie abtheilen?

In drey Perioden.   Die Erſte begreifet die
heidniſchen Könige in ſich: die Zweite die chriſt⸗
lichen vor der Reformation, die Dritte, nach der
Reformation.

161. Wie viele Jare hat die Erſte Periode?

Es iſt alles äuſſerſt ungewiß, was von dem Ur⸗
ſprunge des Königreichs Schweden, und von den
älteſten Königen, in einigen Schwediſchen Ge⸗
ſchicht⸗Büchern erzelet wird. Der bekannte Jo⸗
hannes Magnus hat, in Verfertigung ſeines
Verzeichniſſes der älteſten Könige, den Däniſchen
Saxo Grammaticus nachamen, und zeigen wol⸗
len, daß Schweden noch älter als Dännemark ſey.

Wir

Wir laſſen die Erdichtungen weg; und eilen zu
den gewiſſern Zeiten.

162. Aus wie vielen Jaren beſtehet die Zweite Periode?

Sie fanget an vom Jare 853, oder vom erſten
chriſtlichen Könige Olaus; und erſtrecket ſich bis
1528, da in Schweden die Evangeliſche Lere iſt
eingeführet worden.

163. Welches ſind da die bekannteſten Könige?

Olaus, erlernete vom Ansgarius das Chriſtenthum, und wurde von den Bürgern ſeiner Hauptſtadt Birke, dem Abgotte zu Upſal geopfert.

Olaus Skottkonnung, bekam den Zunamen,
weil er dem römiſchen Pabſte einen iärlichen Tribut
oder Schoß bewilligte, der Rom ſkott genennet
wurde.

Erich der Heilige, brachte die Finnen zum
Chriſtenthum, und ließ die alten Schwediſchen Geſetze und Gewonheiten in ein Buch ſammlen, das
man des Erichs Geſetz nennete.

Waldemar, legete den Grund zu Stockholm,
und hatte ſo viele innerliche Unruhen, daß er endlich die Krone ablegete.

Magnus Ladelaas, fieng ſich von neuem an
einen König der Schweden und Gothen zu ſchrei-
ben: welcher Titel noch bis heute gewönlich geblieben iſt. Er ſtarb 1299.

Birger der Zweite, hatte beſtändige Unruhen
mit ſeinen iüngern Brüdern. Endlich ließ er ſie
zu einer Ausſönung einladen; ſetzete ſie aber in
ein Gefängniß, in welchem er ſie verhungern ließ.
Dieß machete die Gemüther der Schweden ſo
erbit-

erbittert, daß **Birger** aus dem Königreiche ent-
weichen muste.

Magnus Smeck, trat Schonen an Dännemark
ab, damit er sich der Dänischen Freundschaft wieder
seine ungetreue Vasallen versichern möchte: aber
das half doch nicht viel, sondern **Albertus** ward wieder ihn erwelet.

Albertus aus Meklenburg, erhielt den Sieg über
den König **Magnus,** und bekam ihn gefangen: nach
einigen Jaren kam zwar **Magnus** los, und gieng
nach Norwegen; aber er verlor da sein Leben im
Wasser. **Albert** fieng mit den Dänen Krieg an:
die Königin in Dännemark **Margareta** bekam ihn
gefangen, und er muste sieben Jare sitzen. Indeß-
sen vereinigte **Margareta** im Jar 1397 die drey
Kronen: welche Vereinigung, obgleich nicht ruhig,
bis 1523 gedauert hat.

**164. Und welches sind nun die Könige in der
Dritten Periode?**

Gustav, vertrieb die Dänen aus Schweden, nam
Stockholm ein, und ward König Er schaffete den
römischen Glauben ab, und fürete die Lutherische Lere
in Schweden ein, die durch ein Reichs-Gesetz anno
1528 befestiget wurde. Nachher wurde von den
Ständen, den Nachkommen dieses Gustav die Krone
erblich versichert. Er sturb 1560.

Erich der Vierzehnde, erbete zwar die Krone,
aber nicht die Eigenschaften seines Vaters: denn
er regierete gar wiederfinnig. Er hatte seinen
Bruder **Johann** lange gefangen gehalten: der
kam endlich los, und setzete den König **Erich** ge-

v. Holb. Welt-Hist.   L   fangen,

fangen, in welchem Gefängnisse derselbe auch
sturb.

Johannes, trat die Regierung im Jar 1568 an.
Er ließ sich von seiner Gemalin bewegen, die Papi-
stischen Gebräuche in Schweden einzufüren zu versuchen; und fassete daher eine neue Liturgie ab, die
er, unter dem Namen der **Liturgie der Schwedischen Kirche**, den Ständen aufdringen wolte.
Die Geistlichkeit setzete sich darwieder; die Königin
sturb; und die Unruhen höreten auf. Er endigte
sein Leben anno 1592.

Sigismund, war, wegen seiner Mutter, einer
Polnischen Prinzeßin, König in Polen worden;
und solte nun, nach seines Vaters Johannes Ableben,
König in Schweden werden. Er kam auch wirklich
nach Schweden. Weil er aber eifrig papistisch war,
und seine Religions-Forme auch in Schweden einzufüren suchete: so wiedersetzeten sich ihm die Stände, unter Anfürung seines Vater-Bruders, Carl:
Sigismund wurde in einer großen Schlacht bey
Strangebro geschlagen, und muste nach Polen zurück fliehen.

Carl der Neunte, kam, nach Vertreibung Sigismunds, zur Regierung 1605. Er bekam einen
unglücklichen Krieg mit den Dänen; und wärend
desselben sturb er 1611.

Gustav Adolph, machete Friede mit den Dänen,
und wendete seine Waffen wieder Polen. Aber
auch mit dieser Krone machete er einen Waffen-
Stillstand, und gieng im Jär 1630 nach Deutschland, wo er, wie ein starker Strom, alles über-

schwem-

ſchwemmete. Nach vielen Siegen, wurde er 1632
bey Lützen erſchoſſen.

Chriſtine, ſeine noch nicht Sechsiärige Tochter,
wurde Königin: und unter ihrer Regierung hatte
der Krieg in Deutſchland ſeinen Fortgang, bis 1648,
da der Weſtphäliſche Friede geſchloſſen wurde.
Schweden vergrößerte bey dieſem Frieden ſeine
Macht: denn es bekam Bremen und Verden, Vor-
Pommern nebſt der Inſel Rügen, und Wismar;
wie auch eine große Summe Geldes. Die Königin aber wurde endlich ihrer Regierung müde, legete die Krone 1654, zum Beſten ihres nächſten
Vettern, Carl Guſtav, nieder, und gieng nach
Rom, alwo ſie im Jar 1689 ſturbe.

Carl Guſtav, oder Carl der Zehende, hatte
Krieg mit Polen, weil der daſige König ein Recht
auf Schweden zu haben vermeinete: er würde auch
in Polen viel ausgerichtet haben, wenn nicht Dännemark ſich in die Sache gemenget, und den Schweden den Krieg angekündiget hätte. Carl war in
dieſem Kriege gleichſals glücklich, ſtarb aber vor
Endigung deſſelben, 1660.

Carl der Eilfte, machete mit Antritt ſeiner Regierung Friede mit Polen und Dännemark; ließ
ſich aber durch Frankreich bewegen, einen Einfall
in Deutſchland und in die Brandenburgiſche Lande zu thun, wodurch Dännemark nebſt dem Hauſe
Lüneburg gleichſals wieder Schweden aufgebracht wurde. Die Schweden waren in der Mark
Brandenburg, wie auch in Preußen, gar unglücklich; und verloren hierauf alles, was ſie in Deutſch-

         land

land befeffen: iedoch, durch Frankreichs Hülfe,
muſte am Ende den Schweden alles im Frieden
wieder gegeben werden. Sonſt kam unter dieſem
Könige die uneingeſchränkete königliche Gewalt
auf den höchſten Gipfel. Er ſturb 1697.

Carl der Zwölfte, ein überaus kriegeriſcher
Herr. In den erſten Neun Jaren ſeiner Regierung gieng ihm alles wieder Dännemark, Polen,
Rußland und Sachſen, ganz glücklich: als er aber
im Jar 1706 in Sachſen eingefallen war, und von
da, durch Polen, in die Ukraine, wieder Rußland
gienge; war erſtlich dieſer Weg voll lauter Unglück,
und nachher 1709 wurden die Schweden bey Pul-
tawa von den Ruſſen dergeſtalt geſchlagen, daß die
meiſten entweder getödtet oder gefangen wurden,
und der verwundete König mit wenigen ſich in das
Türkiſche Gebiete retten muſte. Im Jar 1714
kam er zwar unvermuthet in Stralſund wieder an:
aber er war den verbundenen Kronen Dännemark,
Preußen, Polen, Rußland, nicht gewachſen, und
vor Friedrichs-Hall in Norwegen wurde er endlich 1718 erſchoſſen.

Ulrica Eleonora, die einzige noch lebende
Schweſter König Carl des Zwölften, war mit dem
Landgrafen zu Heſſen, Friedrich, vermälet. Die
zweite ſchon verſtorbene Schweſter, war nach Holſtein vermälet geweſen: und deren Son, **Carl
Friedrich,** Herzog von Holſtein, machete Anfor-
derung auf die Krone Schweden. Bey dieſem
Streite begab ſich Ulrica der uneingeſchränketen
königlichen Gewalt; und wurde von den Ständen

als

als Königin erkannt; auch ihr Gemal Friedrich, wurde als König gekrönet. Unter dieser Regierung kam es zum Frieden, in welchem Schweden zwar viele Provinzien verlieren muste; sich aber doch nun aus seinem ganz entkräfteten Zustande wieder erholen konte. Sie sturbe 1742, der König Friedrich aber, 1751.

Adolph Friedrich, aus dem Hause Holstein, und bisher gewesener Bischof von Lübeck, war schon 1748 zum Kron-Folger von den Ständen ernennet worden. Unter dessen Regierung wurde die Macht der Stände, und ihres Reichs-Tages, befestiget. An dem großen Kriege in Deutschland, vom Jare 1756 bis 1762, hatten zwar die Schweden gleichfals Theil, und sucheten dem Könige in Preußen Schaden zu thun: sie gewonnen aber dabey nicht das geringste.

165. Wie stehet es also heutiges Tages mit dem Königreiche Schweden?

Nachdem dieses Königreich sich lange mit Kriegen beschäftiget gehabt; hat es nun angefangen, sich vorzüglich mit den Friedens-Künsten, und daraus erwachsenden wirklichen Glückseligkeiten, immer bekannter zu machen. Die Gelersamkeit, die Haushaltungs-Kunst, der Handel, kömmet in einen blühenden Zustand. Die Uneinigkeiten zwischen den Nordischen Kronen scheinen auf ewig abgethan zu seyn. Die heutige Regierungs-Forme ist zwar monarchisch; aber die Stände haben auf ihren Reichs-Tagen das meiste dabey zu sprechen.

166. Wie kann man die Historie von Rußland abtheilen?

In dreierlei Zeit-Läufe. Denn die Historie zeiget uns dreierley Zustand dieses Reiches: erstlich den, vor der Zeit Johann Basilowiß; zweitens den von den Zeiten dieses Johannes an, bis auf Peter den Großen; drittens den von Peter dem Großen an, bis auf die heutige Zeit.

167. Wie stund es um Rußland vor den Zeiten Johann Basilowiß?

Es war das große Rußische Land in viele Fürstenthümer zertheilet; einige Zeit stunde es auch unter der Herrschaft der Tattern. Die christliche Religion nach griechischer Forme, kam um das Jar 1237 in diesen Landen auf, da der Rußische Fürst Volodamir eines griechischen Kaisers Tochter, Anna, oder wie sie andre nennen, Helena, geheirathet hatte.

168. Wie war der Zustand dieser Lande, vom Johann Basilowiß an, beschaffen?

Unter diesem Fürsten Johann, Basilius des blinden Son, hub Rußland das Haupt empor, die Tattern wurden gedemüthiget, die Fürsten wurden zum Gehorsam gebracht. Der mächtigste unter diesen lezten war der zu Novogard gewesen: welche große und reiche Stadt Johann eroberte. Nach ihm war Johann der Zweite ein großer, aber bey vielen Geschichtschreibern wegen seiner Grausamkeit übelberüchtigter Herr, der die zwey Tattarischen Königreiche, Kasan und Astrakan, der Rußischen Botmäßigkeit unterwarf. Fö-

dor

dor Alexiowitz, oder des Alexius Son, hatte
schon gute Absichten, sein Reich zu verbessern:
er sturb aber bald. Ihm folgeten seine zwey
Brüder: der ältere Jwan war von schwachen
Gemüths-Kräften, der iüngere Peter war desto
reicher mit Gaben des Gemüthes ausgerüstet.
Eine Zeitlang regiereten diese beide Brüder gemeinschaftlich, bis auf das Jar 1688: als aber
ihre Schwester Sophia, eine Prinzeßin von
großem Muthe, eine Meuterey wider Petern
anstiftete; wurde diese Sophia in ein Kloster
eingesperret, Jwan begab sich aller Regierungs-
Sorgen freiwillig, und Peter herrschete von da
an alleine. Indessen war in diesem Zeit-Laufe
Rußland noch immer, bey aller seiner Größe,
ein barbarisches Land geblieben, die Einwoner
waren ungesittet, unruhig, verstunden den Krieg
nicht, und noch viel weniger andre Künste: und
die große Leib-Wache, die man die Strelitzen
nennete, war den Fürsten eher gefärlich als nütz-
bar gewesen. Aber zu der Zeit Peter des Gro-
sen änderte sich das alles.

169. Wie heissen nun die Regenten in der neuern
Zeit?

Peter Alexiowitz, mit dem Zunamen der
Große, legete einen festen Grund zu der heutigen Größe dieses weitläufigen Reiches. Er fürete die Krieges-Künste, und die Gelersamk·it,
nebst bessern Sitten, in Rußland ein; er legete
eine Flotte an; er stiftete Petersburg. Mit
einem Worte, er setzete Rußland in einen ganz

andern Zuſtand. Er fürete auch den kaiſerlichen
Titel ein. Er ſturb 1725.

Katharina die Erſte, Wittwe Peter des
Großen, wurde, vermöge der Verordnung ih‐
res Gemales, nach deſſen Ableben regierende
Kaiſerin, weil der Erb‐Prinz noch zu iung war.
Sie folgete den Fußſtapfen ihres Gemales mit
großer Klugheit; und ſturb 1727.

Peter der Zweite, ein Sones‐Son Peter
des Erſten, war noch minderiärig, als Katha‐
rina ſturbe: daher einige Große zu ſeiner Zeit
ſich zu weit zu erheben ſucheten. Er ſturb in
der Blüte ſeiner Jare anno 1730.

Anna, des vorgedachten Jwans Tochter,
und Wittwe eines Herzoges von Kurland: re‐
gierete weißlich und glücklich bis an ihren Tod,
1740.

Jwan der Zweite, war ein Schweſter‐Toch‐
ter ‐Son der vorhergehenden Anna, und war
noch nicht ein Jar alt, als er zum Kaiſer von
Rußland ausgerufen wurde; daher ſeine Frau
Mutter, die gleichfals Anna in Rußland ge‐
nennet wurde, und nebſt ihr der Herzog Biron
von Kurland, die Vormundſchaft, vermöge der
Verordnung der vorhergehenden Kaiſerin, fü‐
ren ſolten. Es wärete aber kaum ein Jar,
ſo geſchahe in dem allen eine große Verän‐
derung.

Eliſabet, des großen Peters und der Kai‐
ſerin Katharina leibliche Tochter, hatte ein näher
Recht

Recht zur Nachfolge, und schwunge sich im Jar 1741 auf den Rußischen Thron, den sie bis an ihren Tod, zu Ende des Jares 1761, behauptet hat. Sie hatte bey ihren Leb-Zeiten ihrer Schwester-Son, einen Herzog von Holstein zu Kiel, zu ihrem Thron-Folger ernennet.

Peter der Dritte, kam zwar zur wirklichen Regierung mit dem Anfange des Jares 1762; machete dem Rußischen Kriege wider Preußen, der in den lezten Jaren der vorigen Regierung war geführet worden, ein Ende; und vermeinete sonst viel Gutes, nach dem Exempel seines Groß-Vaters, Peter des Ersten, in Rußland zu stiften. Aber, nach einer halb-iärigen Regierung, verlor er die Krone, und sturb im Monat Julius.

Katharina die Zweite, Peter des Dritten Gemalin aus dem Hause Anhalt-Zerbst, wurde, nach Absetzung und bald darauf erfolgeten Ableben ihres Gemales, zur regierenden Kaiserin ausgerufen, und gekrönet. Sie regieret das große Reich mit vieler Weisheit: und ihr leiblicher Son, den sie mit Peter dem Dritten erzeuget hat, Paul, ist Groß-Fürst und künftiger Thron-Folger.

170. Wie kann man die Polnische Historie am bequemsten abtheilen?

In zwey große Zeit-Läufe. Der Erste begreifet die alte Geschichte, da die Regenten

L 5   noch

noch Herzoge heiſſen; der Zweite aber die Geſchichte unter den Königen von Polen.

171. Wie ſahe es in Pohlen in den ältern Zeiten, und unter den Herzogen, aus?

Das Land hieß vor Zeiten Sarmatien. Der Erſte Polniſche Fürſte, deſſen in der Hiſtorie Meldung geſchiehet, hieß Lech. Die Nachkommen dieſes Fürſten regiereten eine Zeitlang. Nachher, als der Stamm verloſchen war, herrſcheten zwölf Woiwoden neben einander. Bey entſtandener Uneinigkeit, kam die Regierung wieder auf Einen, Namens Krako, der die Stadt Krakau angeleget haben ſoll. Unter deſſen Nachkommen iſt ein Popiel der Zweite bekannt, der von Mäuſen ſoll gefreſſen worden ſeyn. Nachher kam ein Land-Edelmann, Piaſtus, zur Herzoglichen Würde: und von deſſen Namen kömmet es her, daß ein einheimiſcher Regente in Polen, ein Piaſte genennet zu werden pfleget. Seine Nachkommen haben lange in Polen regieret; die Schleſiſchen Herzoge ſtammeten auch alle von dieſem Piaſtus her, von denen der lezte erſt anno 1675 verſtorben iſt. Herzog Micislaus fürete in Polen um das Jar 965 die chriſtliche Religion ein.

172. Welches ſind die bekannteſten Könige in Polen geweſen?

Boleslaus Chrobri, bekam vom Kaiſer Otto dem Dritten, den königlichen Titel.

Boles•

Boleslaus der Küne, erstach den Bischof von Krakau, den heiligen Stanislaus, vor dem Altare in der Kirche: und ward darüber in den Bann gethan; weswegen er sich selber entleibet haben soll.

Lescus der Weise. Zu dessen Zeit thaten die Tattern ihre ersten Einfälle in Polen. Weil auch die Preußen öftere Streifereien in Polen unternamen, rief dieser König die aus Syrien vertriebene Kreutz-Ritter wieder sie zu Hülfe: die setzeten sich zwar in Preußen feste, es entstunden aber nachher daraus viele Kriege zwischen den Polen und diesen Rittern.

Casimir der Dritte, brachte klein Reußen an die Krone Polen, und war der lezte männliche Erbe vom Piastischen Hause.

Jagello, oder Uladislaus der Vierte, Herzog von Lithauen, heirathete die Polnische Prinzeßin Hedwig, wurde durch sie König in Polen, bekennete sich zur christlichen Religion, und vereinigte Lithauen mit Polen. Er hatte schwere Kriege mit den Preußischen Kreuz-Rittern, und sturb 1434.

Uladislaus der Fünfte, war zugleich König in Ungarn, und blieb in der unglücklichen Schlacht bey Varna wieder die Türken, 1445.

Casimir der Vierte, machete Friede mit den Kreuz-Rittern in Preußen, mit dem Bedinge, daß Preußen halb nach Polen, und halb den Rittern gehören solte. Er sturb 1492.

Sigis-

Sigismund der Erste, bekam wieder Krieg
mit den oftgedachten Rittern. Der Ausgang
war, daß der Groß-Meister des Ordens, Albert, ein gebor'ner Marggrafe von Brandenburg, sein halbes Preußen unter dem Namen
eines Herzogthumes, und als ein Lehn von
Polen, erblich besitzen solle. Von der Zeit an
kam Preußen an das Haus Brandenburg: und
dieses ansehnliche Stück Land ist mit dem Anfange dieses achtzehnden Jarhunderts in ein Königreich verwandelt worden. Sigismund sturb
1548.

Sigismund der Zweite, Augustus, nam
Liefland wieder die Rußen in seinen Schutz.
Dieses Land hatten bisher die deutschen Ritter besessen: nachdem es sich aber an die Polen ergeben hatte, wurde der lezte Ordens-Mei-
ster, Gotthard Kettler, zum Herzoge in Kurland von den Polen ernennet. Dieß ist der
Ursprung der Kurländischen Herzoge. Indessen wurde Liefland für die Polen eine Quelle
vieler Kriege. Der König sturb 1572, und
mit ihm erlosch der königliche Jagellonische
Stamm.

Heinrich, ein Französischer Prinz aus dem
Hause Valois, wurde zwar zum Könige in Polen erwelet: als aber sein Bruder, König Carl
der Neunte in Frankreich, gestorben war, und
keinen Erben hinterlassen hatte; entflohe Heinrich aus Polen, und ward König in Frankreich
unter dem Namen Heinrich der Dritte.

Ste-

Stephan Bathor, ein Siebenbürgischer
Fürst, wurde an statt des entwichenen Heinrichs, zum König in Polen ernennet. Er ist
einer von den besten Polnischen Königen gewesen. Er gab viele heilsame Gesetze, und brachte
den Soldaten-Stand in bessere Verfassung.
Die Ukraine, deren Einwoner die Kosaken
heissen, wurde zu seiner Zeit etwas gesitteter,
und mit Städten und Dörfern ordentlich besetzet. Er sturb 1586.

Sigismund der Dritte, ein Son des Schwedischen Königes Johann, wurde wegen seiner
Mutter, König in Polen, verlor aber die Zuneigung der Schwedischen Stände, und gerieth
darüber mit ihnen in einen vergeblichen Krieg.
Auch mit den Rußen und Türken hatte er schwere Kriege, und sturb 1635.

Uladislaus der Vierte. Zu dessen Zeit wurden die Kosaken über die Polnische Regierung
unwillig, und fielen von den Polen ab. Er
sturb 1647.

Johann Casimir, suchete die Kosaken mit
Gewalt der Waffen zu seinem Gehorsam zu bringen, die sich aber größestentheils in Rußischen
Schutz begeben hatten, und von diesen auch durch
Krieg beschützet wurden. Gleichfals hatte dieser König einen schweren Krieg mit Schweden
und Brandenburg: der zu Oliva also geendiget wurde, daß die Krone Schweden Liefland,

das

das Haus Brandenburg aber den unabhän,
gigen Besitz seines Theiles von Preußen, be:
hielt. Er legete im Jar 1664 die Regierung
nieder, und gieng nach Nevers in Frankreich
zur Ruhe.

Michael Wiesnowisky, hatte einen unglück:
lichen Krieg mit den Türken, die die Festung
Kaminiek in Podolien wegnamen. Er sturb
1673.

Johann der Dritte, Sobiesky, war vorher
Kron-Feldherr gewesen, und hatte eine Schlacht
über die Türken bey Chocim gewonnen.
Gleichwol blieb im Frieden 1676 die vorgedach:
te Festung in' Türkischen Händen. Als nach:
her die Türken in Ungarn so glücklich waren, daß
sie 1683 vor Wien giengen: so wendete Johann
der Dritte sich abermal wieder die Türken, und
half Wien entsetzen. Er sturb 1696.

Friedrich August, Kur-Fürst zu Sachsen,
und König in Polen, brachte es im Frieden zu
Carlowitz dahin, daß die Türken die Festung
Kaminiek, nebst einigen andern Orten in der:
selben Gegend, wieder an Polen zurücke gaben.
Er bekam einen schweren Krieg mit dem Köni:
ge in Schweden, Karl dem Zwölften; in wel•
chem es so weit kam, daß an seine statt Stanis:
laus, ein Polnischer Herr aus dem Hause Les:
cinsky, zum Könige ernennet wurde. Er be:
hauptete aber doch die Krone wieder alle Unru•
hen; und sturb zu Warschau 1733.

Friedrich

Friedrich August der Zweite, Kur-Fürst
zu Sachsen, ward König an seines verstorbenen
Vaters statt, obgleich eine Gegen-Partei den
vorgedachten Stanislaus nochmals zum Könige
erwelete. Im Frieden wurde diesem Stanislaus, einem an sich lobwürdigen Herrn, das
Herzogthum Lothringen, nebst Behaltung des
Titels eines Königes von Polen, übergeben.
Friedrich August aber, als wirklicher König,
sturb 1763.

Stanislaus Augustus, ein Polnischer Herr
aus dem Hause Poniatowsky, wurde einhellig
zum König erwelet, und regieret Polen, obgleich
bey vielen innerlichen Unruhen, bis ietzo rümlich.

173. Welches ist nun der heutige Zustand
in Polen?

Die königliche Gewalt ist durch die Gesetze
dergestalt eingeschränket, und die Stände haben
so viel zu sagen, daß die Regierungs-Form eher
Aristocratisch als Monarchisch genennet werden
kann. Daher sind beide Benennungen, die
Krone Polen, und die Republik Polen, im
Gebrauche. Der Senat des Reiches bestehet
aus Bischöfen, Woiwoden und Kastellanen,
die man mit dem allgemeinen Namen der Mag-
naten benennet. Der Adel erscheinet auf
den Reichs-Tagen durch gewisse Abgeordnete
aus seinem Mittel, welche Land-Boten heissen: bey Königs-Walen aber hat ieder Polnischer von Adel das Recht, seine Stimme zu geben. Wenn ein König stirbet, so ist ein interregnum,

regnum, in welchem der Erz-Bischof von Gnesen, als Primas des Polnischen Reiches, nebst dem Senate die Regierung besorget: und eben derselbe veranstaltet auch die vorzunemende Wal. Die Gesetze, die der erwelete König beschwöret, heissen pacta conventa. Die grösseste Stärke des Reiches bestehet in dem Adel, der im Fall der Noth an zweymal hundert tausend stark erscheinen kann.

174. Was sind aus dem Untergange des Orientalischen römischen Reiches, für Reiche erwachsen?

Nachdem das Orientalische Reich von den Saracenen schon ziemlich geschwächet worden war, wurde es endlich von den Türken gänzlich zu Grunde gerichtet. Und, da heutiges Tages unter dem Namen des Türkischen Reiches, alle die Provinzien begriffen sind, die ehemals zum Orientalischen römischen Reiche gehöret gehabt: so muß nun von dem Ursprunge und Fortgange dieses Türkischen Reiches etwas gesaget werden.

175. Wie lässet sich die Historie dieses Türkischen Reiches am besten eintheilen?

In zwey grosse Zeit-Läufe. Der erste hat die Fürsten oder Kaliphen in sich; der Zweite die Kaiser.

176. Was für einen Ursprung haben die Türken?

Etwa hundert Jare nach dem Tode des Propheten Mahomed, kam eine Tattarische Nation aus den Gegenden hinter dem Kaspischen Meere

Meere heraus, und setzete sich in den Landschaften feste, die heutiges Tages Georgien und Tur-
comannien heissen. Sie schlug sich eine Zeitlang mit den Saracenen herum: endlich machete
sie mit ihnen Friede, nam die Saracenische Religion an, und wurde mit denselben Ein Volk.
Dieses vereinigte Volk theilete sich nach und
nach in verschiedene Fürstenthümer oder Kali-
phate; und ein Regente eines solchen Fürsten-
thumes hieß ein Kaliphe oder auch ein Sul-
tan. Unter diesen Sultanen hieß einer Ottoman: der brachte viele andre unter seine Herrschaft, und legete den Grund zu dem großen
Reiche, das nachher unter dem Namen der
Ottomanischen Pforte (das Wort Pforte
bezeichnet einen Regierungs-Sitz) in der Welt
bekannt worden ist.

177. Welches sind die berümtesten unter diesen Ottomanischen Fürsten?

Ottoman, der Stifter der nach ihm benenne-
ten Pforte, eroberte in Bithynien die Stadt
Prusa, und machete sie zu seinem Sitze.

Orchanes, eroberte Nicda.

Amurath der Erste, machete große Eroberungen. Er gieng nach Europa, und nam die
Stadt Adrianopel ein. Man hält ihn für
den Stifter der Türkischen Fuß-Soldaten, die
man Janizaren nennet. Sie bestunden zuerst
aus gefangenen jungen Christen: und er folgete
darinn dem Exempel der Saracenischen Aegypti-

v. Holb. Welt-Hist.   M   schen

schen Sultane, die gleichfals aus solchen Gefangenen ihre Miliz errichtet hatten, die die Mamme-
lukische hieß.

Bajazet der Erste, erhielt einen großen Sieg
über die Christen bey Nicopolis, und würde
Konstantinopel weggenommen haben, wenn nicht
aus der großen Tattarey ein neuer Fürst mit einer
starken Macht, Namens Tamerlan, in Asien eingefallen wäre. Dieser Tamerlan bekam den Bajazet gefangen.

Amurath der Zweite, verbesserte die obgedachte
Janizaren-Einrichtung, und wird daher von einigen für den Stifter derselben angegeben. Bey
Varna befochte er einen großen Sieg über die
Christen, in welcher Schlacht der König von Ungarn und Polen Uladislaus blieb. Er bekam aber
auch einen wichtigen Hinderer seiner fernern Eroberungen an dem Epirotischen Fürsten Georg
Kastriota, den die Türken Scanderbeg, das
ist, Alexander den Grossen, nenneten; und der
den Türken lange Wiederstand that. Amurath
sturb 1451.

178. Wie stund es also um diese Ottomanische Pforte
in diesem Ersten Zeit-Laufe?

Ihre Macht wuchs zusehens, und die christlichen
Kaiser im Oriente verloren in kurzer Zeit fast
alles, was sie ausser Europa besessen hatten.
Aegypten, Syrien, Palästina, und so ferner,
hatte

hatte seine Muhammedische Sultane. Die Ursache dieses schnellen Fortganges war, die Trägheit der meisten griechischen Kaiser; und die Grausamkeit der Türken, vor denen sich alles fürchtete. Die Janizaren thaten dabey die tapfersten Dienste, die, wie gesaget, zu erst aus gefangenen iungen Christen bestunden, die zum Kriege abgerichtet wurden; zu denen denn aber auch geborne Türken kamen.

179. Welches sind nun die Türkischen Kaiser nach der Reihe gewesen?

Mahomed der Zweite, ein gar gelerter, aber grausamer, Fürst, dessen Mutter eine Christin gewesen war. Er eroberte Konstantinopel im Jar 1453: und bald darauf machete er auch dem kleinen griechischen Kaiserthum zu Trapezunt ein Ende. Solchergestalt verschwand die römische Monarchie im Oriente völlig: an deren Stelle das Türkische Reich entstunde. Dieser Erste Türkische Kaiser sturb 1481.

Bajazet der Zweite, kam, mit Ausschliessung seines ältern Bruders Zizim oder Zem, zur Regierung. Dieser nam seine Zuflucht nach Italien, und wolte durch Hülfe der Christen sein Recht verfolgen: sturb aber in der Zeit der Zurüstung. Bajazet selber sturb 1512.

M 2 Selim,

Selim, brachte ganz Aegypten unter seine
Herrschaft, und ſturb 1520.

Solimann der Zweite, ein kluger und kriege￼
riſcher Fürſt. Er eroberte die Inſel Rhodis,
auch das meiſte von Ungarn, nachdem er den
König Ludewig geſchlagen hatte. Vor Wien,
welches er belagerte, konnte er ſeinen Zweck nicht
erreichen. Er pflegete zu ſagen, wenn das chriſt￼
liche Europa erobert werden ſolle, ſo müſſe der An￼
fang dazu von Italien und vom römiſchen Kirchen￼
Staate gemachet werden. Er ſturb in hohem
Alter, 1566.

Selim der Zweite, nam den Venetianern die
Inſel Cypern weg. Seine Flotte wurde zwar
von den Chriſten bey den Echinadiſchen Inſeln ge￼
ſchlagen: aber im Haupt-Werke ſchadete das den
Türken nichts. Er ſturb 1578.

Amurath der Dritte, unterwarf die kleine
Tattarey dem Ottomaniſchen Reiche auf gewiſſe
Bedingungen; und ſturb 1595.

Mahomed der Dritte, liebete das wollüſtige
und gemächliche Leben; und ſturb 1603.

Achmet der Erſte, geſtund dem deutſchen Kai￼
ſer den Titel eines römiſchen Kaiſers zu, welches
ſeine Vorfaren beſtändig ſich geweigert hatten.
Er ſturb 1617.

Muſtapha, ein Bruder des vorigen, hatte
bisher im Gefängniſſe geſeſſen: weil man aber
fand,

aber fand, daß er die Kunſt zu regieren gar
nicht verſtehe, muſte er nach 3 Monaten wieder
ins Gefängniß.

Osmann, ein Son Achmet des Erſten, ein
muthiger, aber unglücklicher Fürſt. Weil es
im Kriege mit den Polen nicht ſo gieng, wie
er es wünſchete; und er ſahe, daß die verwö-
neten Janizaren ihre Schuldigkeit nicht thäten:
war er willens, dieſe Art von Miliz abzuſchaffen, und die Soldaten-Einrichtung auf andern
Fuß zu ſetzen. Darüber wurde er von der auf-
rüriſchen Miliz erdroſſelt, im Jar 1622.

Muſtapha, kam zum zweiten-male auf den
Thron: aber nach Jares-Verlauf auch wieder
ins Gefängniß.

Amurath der Vierte, gleichfals ein Son
Achmet des Erſten, regierete mit der größeſten Ernſthaftigkeit und Entſchloſſenheit. Er
ließ den Türki chen Hohenprieſter, den ſie einen Mufti nennen, mit dem Stricke erwür-
gen; welches noch keinem ſeines Standes wie-
derfaren war. Mit den Perſern fürete er
Krieg, und eroberte Babylon. Er ſturb unvererbet, 1640.

Ibrahim, der dritte Son Achmet des Erſten, betrachtete ſeine Hoheit als ein Mittel,
ſeinen Lüſten nachzuhängen. Als er des Muft
Tochter mit Gewalt genußbrauchet hätte, ward
er von den Janizaren erdroſſelt, 1648.

Maho-

Mahomed der Vierte, Jbrahims Son, des müthigte, durch kluge Hülfe seines Groß = Veziers, den Uebermuth der Janizaren auf allerley wolausgesonnene Art: daher sie, von der Zeit an, keine Gewaltthätigkeiten ausüben konnten. Er hatte schwere Kriege mit den Deutschen, Polen, Russen, Venetianern; und diesen leztern nam er die Insel Candia weg. Auf die lezt war er unglücklich, und wurde 1687 gefangen gesetzet.

Soliman der Dritte, ein Bruder des vorigen, hatte bisher im Gefängnisse gesessen, folglich keine Staats = Kunst zu erlernen Gelegenheit gehabt. Der Krieg mit den Deutschen und deren Bundes = Genossen lief für das Türkische Reich gar unglücklich fort. Er sturb 1691.

Achmet der Zweite, gleichfals ein Bruder des vorigen, hatte kein besseres Glück, und sturb 1694.

Mustapha der Zweite, ein Son Mahomed des Vierten, erlebete endlich den Ausgang des langen Krieges mit den Christen. Im Friedens = Schlusse 1697 musten die Türken viele Provinzen im Stiche lassen. Im Jar 1703 wurde dieser Kaiser von den Aufrürern abgesetzet, und kam ins Gefängniß: der Mufti wurde zu gleicher Zeit ermordet.

Achmet

Achmet der Dritte, ein Bruder des vorigen,
fieng einen neuen Krieg mit den Venetianern
an, in welchem die Türken alles eroberten, was die
Venetianer bisher in Griechenland beſeſſen gehabt.
Der deutſche Kaiſer nam ſich zwar der Sache an,
und die Türken wurden in Ungarn ein paarmal
geſchlagen: aber im Frieden behielten die Türken, was ſie hatten. Er führete auch Krieg mit
den Ruſſen und Perſern, mit ziemlichem Vortheile. Zu Konſtantinopel legete er, des Wieder-
ſpruches der Türkiſchen Geiſtlichen ungeachtet,
eine Buchdruckerey an. Er wurde durch Auf-
rur, abgeſetzet 1736.

Mahomet der Fünfte, ein Son Muſtapha
des Zweiten, bekam einen neuen Krieg mit den
Ruſſen, und mit dem deutſchen Kaiſer: die
Ruſſen waren glücklich, die Deutſchen unglücklich. Er ſturb 1754.

Osman der Dritte, ein Bruder des vorigen, regieret friedlich, und ſtirbet 1757.

Muſtapha der Dritte, gleichfals ein Bruder des vorigan, der den, unter Mahomed dem
Fünften geſchloſſenen, Waffen-Stillſtand ge-
treulich gehalten hat; da er ſonſt, bey dem
großen Kriege in Deutſchand, viele Eroberungen
in Ungarn hätte machen können. Aber ietzo hat
er einen unnötigen Krieg mit den Ruſſen angefangen, der für ihm unglücklich bisher gegangen.

180. Wie ist der heutige Zustand des Ottomanischen
Reiches beschaffen?

Die Türken haben einen Sieg nach dem andern erhalten, und eine Eroberung nach der
andern behauptet, bis auf das Ende der Regierung Soliman des Zweiten. Aber, nach
dem Tode dieses klugen und muthigen Groß-
Sultans, fieng das Türkische Glück an, Halte
zu machen. Und nachdem heutiges Tages die
Macht des Hauses Oesterreich, und des Russi-
schen Reiches, ziemlich angewachsen und befestiget ist: so hat das christliche Europa von den
Türken wenig Gefar zu besorgen; ia, die Türkische Herrschaft in Europa könnte vielleicht
mit nicht vieler Mühe über den Haufen gestos-
sen werden: dazu es auch wirklich ietzo den
Anschein hat.

www.ingramcontent.com/pod-product-compliance
Lightning Source LLC
Chambersburg PA
CBHW020536270326
41927CB00006B/601